두리번두리번 내 주변에 이런 과학이?
알면 뽐낼 수 있는
과학 100

두리번두리번 내 주변에 이런 과학이?
알면 뽐낼 수 있는 과학 100

1판 1쇄 발행 2023년 7월 20일
1판 3쇄 발행 2024년 8월 20일

글 전윤경 | 그림 윤유리

펴낸이 김유열 | 디지털학교교육본부장 유규오 | 출판국장 이상호
교재기획부장 박혜숙 | 교재기획부 장효순

기획·책임편집 전윤경 | 디자인 김신애 | 인쇄 애드그린인쇄

펴낸곳 한국교육방송공사(EBS)
출판신고 2001년 1월 8일 제2017-000193호
주소 경기도 고양시 일산동구 한류월드로 281
대표전화 1588-1580 | 이메일 ebsbooks@ebs.co.kr
홈페이지 www.ebs.co.kr

ISBN 978-89-547-7753-7 73400

ⓒ 2023, EBS·전윤경·윤유리

이 책은 저작권법에 따라 보호받는 저작물이므로 무단 전재 및 무단 복제를 금합니다.
파본은 구입처에서 교환해 드리며, 관련 법령에 따라 환불해 드립니다. 제품 훼손 시 환불이 불가능합니다.

두리번두리번
내 주변에 이런 과학이?

알면 뽐낼 수 있는
과학 100

글 전윤경 | 그림 윤유리

EBS BOOKS

들어가는 말

두리번두리번, 주변을 둘러보세요. 뭐가 보이나요?

눈이 나빠져서 저번 주부터 안경을 쓰게 된 짝꿍이
놀이터 의자에 앉아서 핸드폰을 보고 있네요.
코끼리 코 놀이를 하는 친구들 중에는 재미있어서
깔깔대는 친구가 있는가 하면, 어지러워서
표정이 울상인 친구도 있어요.

하늘을 올려다보니 오늘따라 파란 하늘이 정말 예뻐요.
앗! 하늘을 보면서 걷다가 지렁이를 밟을 뻔했어요.
어제 비가 와서 그런지 오늘따라 지렁이들이 정말 많아요.
어느샌가 개미들이 줄지어 와서 지렁이 주변을 감쌌어요.
지렁이는 개미의 공격에 꼼짝없이 당하고 말지요.

주변에서 볼 수 있는 흔한 풍경들. 우리가 늘 접하는
일상의 이런 모습들이 모두 과학이라는 거
혹시 알고 있었나요?

'과학' 하면 다들 어렵게 생각하지만,
사실 과학은 우리 주변에서 일어나는 현상들이 왜 그런지를
설명해 주는 학문이에요. 왜 내 친구는 안경을 썼는지,
코끼리 코를 돌면 왜 어지러운지,
인덕션은 불꽃도 없는데 어떻게 요리가 되는지,
하늘은 왜 언제는 파랬다가 또 언제는 예쁜 붉은색을 띠는지,
비 온 뒤에는 왜 그렇게 지렁이가 많아지는지,
개미들은 왜 줄지어 다니는지….

〈알면 뽐낼 수 있는 과학 100〉에는
이런 이야기들이 담겨 있어요. 주변에서 볼 수 있는
흔하지만 신기한 과학 이야기들 말이에요.
똥이 갈색인 이유를 궁금해해 본 적 없나요?
공포 영화를 보면 진짜 시원해질지,
탄산음료는 왜 톡 쏘는지,
비눗방울은 왜 항상 둥근지 말이에요.

〈우리 몸〉〈동·식물〉〈생활 과학〉〈자연 과학〉
이렇게 크게 4가지 분야의 100가지 이야기를 만나 보세요.
일상 속 궁금증이 해결되면서 또 다른 궁금증이 시작되는
신기한 경험을 하게 될 거예요.

contents

들어가는 말 … 004
주요 등장인물 … 012

1장 우리 몸

001	라면을 먹고 자면 왜 얼굴이 부을까?	016
002	모기에 물리면 왜 가려울까?	018
003	안경을 쓰면 왜 눈이 작아 보이지?	019
004	하품은 왜 하는 걸까?	021
005	방귀 냄새는 왜 이렇게 지독해?	022
006	핸드폰을 오래 보면 왜 눈이 침침할까?	024
007	공포 영화를 보면 진짜 시원해질까?	025
008	추우면 왜 자꾸 오줌이 마려울까?	027
009	코딱지는 왜 생기는 거야?	028
010	머리카락이 자라는 속도는?	030
011	졸리면 왜 눈을 비비게 될까?	031
012	오래 달리면 왜 숨이 찰까?	032
013	감기에 걸렸을 때 열이 나는 이유	033
014	빙글빙글 돌면 왜 어지러울까?	035
015	우리 배의 한가운데 있는 배꼽의 정체는?	036
016	여름만 되면 왜 피부가 까맣게 될까?	038

017	기쁠 때 나는 눈물이 더 달다고?	039
018	신기한 착시 효과	040
019	재채기는 왜 참을 수 없을까?	043
020	동영상 속 내 목소리는 왜 다를까?	044
021	왜 자꾸 잊어버리는 걸까?	045
022	꿈은 왜 꾸는 걸까?	046
023	목욕할 때 나오는 때의 정체는?	047
024	코골이는 정말 싫어	048
025	딸꾹질은 왜 하게 되는 걸까?	050
026	똥은 왜 갈색일까?	052

2장 동·식물

027	개미는 왜 줄지어 다닐까?	056
028	바나나에는 왜 씨가 없지?	058
029	코끼리 코에는 뼈가 있을까?	059
030	하루살이는 진짜 하루만 살까?	060
031	물고기는 왜 비늘이 있을까?	061
032	비 오는 날에는 왜 길에 지렁이가 많아질까?	062

033	뾰족뾰족 선인장을 지켜 주는 가시	063
034	동물처럼 벌레를 잡아먹는 식물이 있다고?	064
035	버섯은 식물일까?	066
036	올빼미는 고개가 몇 도까지 돌아갈까?	067
037	식물은 어떻게 물만 줘도 잘 자랄까?	068
038	박쥐는 오줌도 거꾸로 매달려서 쌀까?	069
039	날개 달린 개미가 있다고?	071
040	가을이 되면 왜 단풍이 들까?	072
041	북극곰의 피부는 검은색?	073
042	너무너무 헷갈려! 부엉이 VS 올빼미, 수달 VS 해달	074
043	물고기는 어떻게 물속에서 숨을 쉴까?	076
044	바퀴벌레의 무시무시한 생존력	077
045	카멜레온은 어떻게 몸의 색깔을 바꿀 수 있을까?	078
046	흰 꽃을 붉은 물에 꽂으면 붉게 변할까?	080
047	여름잠을 자는 동물도 있다고?	081
048	길을 잘 찾는 비둘기의 비밀	082
049	매미들은 왜 그렇게 시끄럽게 울어 댈까?	083
050	뱀은 왜 계속 혀를 날름거릴까?	084
051	고래가 물속에서 숨을 못 쉰다고?	085
052	새들은 진짜 처음 본 걸 엄마로 생각할까?	086
053	개굴개굴 개구리가 우는 건 노래하는 걸까?	087
054	해를 바라보는 해바라기의 진실	088

3장 생활 과학

055	인덕션은 불꽃도 없는데 어떻게 요리가 되지?	092
056	드라이아이스, 네 정체가 뭐야?	094
057	가위는 어떻게 종이를 자를 수 있는 걸까?	095
058	비눗방울은 왜 항상 둥글까?	097
059	둥실둥실~ 풍선아, 떠올라라	098
060	유성 펜과 수성 펜은 무슨 차이야?	099
061	TV 리모컨의 비밀	100
062	바코드가 궁금해	102
063	물이 저절로 그릇 밖으로?	103
064	탄산음료는 왜 톡 쏘는 걸까?	105
065	전자레인지는 어떻게 음식을 데울 수 있을까?	106
066	과자 봉지는 왜 빵빵하지?	107
067	껌이 플라스틱이라고?	108
068	왜 엘리베이터에서는 뛰면 안 될까?	109
069	양파를 썰면 왜 눈물이 날까?	111
070	비행기는 어떻게 하늘을 날까?	112
071	무거운 배는 어떻게 물에 뜰까?	114
072	아빠는 어디에? 위성 위치 확인 시스템	115
073	지우개는 어떻게 글씨를 지우는 걸까?	117

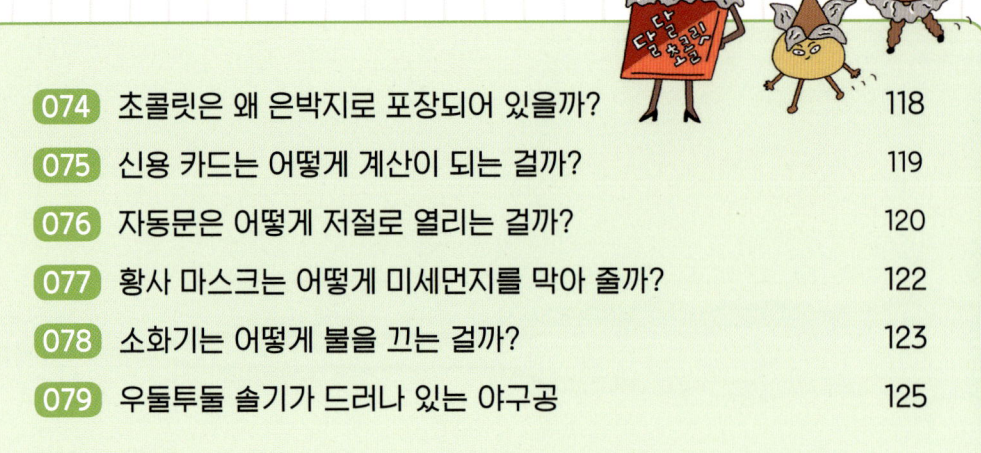

074	초콜릿은 왜 은박지로 포장되어 있을까?	118
075	신용 카드는 어떻게 계산이 되는 걸까?	119
076	자동문은 어떻게 저절로 열리는 걸까?	120
077	황사 마스크는 어떻게 미세먼지를 막아 줄까?	122
078	소화기는 어떻게 불을 끄는 걸까?	123
079	우둘투둘 솔기가 드러나 있는 야구공	125

4장 자연 과학

080	하늘의 구름은 푹신푹신할까?	128
081	눈과 비, 우박은 왜 내리는 걸까?	130
082	흙은 어떻게 만들어질까?	131
083	공기가 내리누르는 힘은 얼마나 될까?	132
084	지구의 산소가 다 없어지면 어쩌지?	133
085	별은 정말 반짝거릴까?	135
086	화산이 폭발하면 어떤 일이 일어날까?	136
087	지구는 어떻게 만들어졌을까?	139
088	지구에만 생명체가 존재하는 이유는?	141

089	바닷물은 왜 마시면 안 돼?	143
090	우주에도 먼지가 있을까?	145
091	눈 오는 날이 더 따뜻하다, 진실? 거짓?	146
092	번쩍번쩍, 우르릉 쾅! 천둥 번개는 왜 치는 걸까?	148
093	태풍은 어디서 오는 걸까?	149
094	물속에서도 소리가 들릴까?	151
095	왜 비행기가 지나간 다음에 소리가 들릴까?	152
096	왜 하늘은 파랗기도 하고 붉기도 할까?	154
097	흔들흔들, 지진은 왜 일어나는 거지?	155
098	우리나라는 왜 계절이 바뀔까?	157
099	매일매일 낮과 밤이 반복되는 이유	158
100	달은 왜 모양이 변할까?	159

주요 등장인물

두리

유명 너튜버가 꿈인 초등학생.
은근 소심하지만 의외로 의지가 강하다.
아직 구독자는 24명뿐이지만
백만 너튜버를 꿈꾸며 너튜브 채널
'빙글빙글 TV'를 운영하고 있다.

루리

아무도 못 건드린다는 사춘기 중학생이다.
두리의 누나이자 천적으로, 눈 한 번
부라리면 두리는 꼼짝도 못한다.
선하고 의리가 있어서 친구들 사이에서는
꽤 인기가 많다.

아리

귀여운 유치원생으로, 온 가족의
사랑을 한 몸에 받고 있는
진정한 막내온탑이다.
눈치가 빠르고 머리가 좋다.

한미모

루리, 두리, 아리의 엄마. 웹툰 작가이다. 아주 유명하지는 않지만 웹툰계에서는 실력파로 소문이 나 있다. 마음이 따뜻하고 배려심이 있다.

강철

루리, 두리, 아리의 아빠. 프리랜서 디자이너로, 간간이 출근하는 엄마 대신 주로 집안일을 맡고 있다. 이름이나 외모와 달리 눈물이 많고 여린 성격을 가지고 있다.

그외 등장 인물

새미

너튜브 채널 '빙글빙글 TV'의 브레인. 쿨한 성격으로 아이디어를 많이 낸다.

용이

'빙글빙글 TV'의 카메라를 담당하고 있다. 꼼꼼하고, 추진력이 좋다.

1장

우리 몸

핸드폰을 오래 보면 왜 눈이 침침한지, 코딱지는 왜 자꾸 생기는지, 방귀 냄새는 왜 이렇게 지독한지 한 번이라도 궁금해해 본 적 있다, 손! 1장에서는 우리 몸에 관한 다양한 궁금증들을 살펴볼 거예요. 신박하고 기발한 궁금증들을 만나러 떠나 볼까요?

라면을 먹고 자면 왜 얼굴이 부을까?

라면 좋아하는 친구들 많죠? 보글보글 맛있게 끓여진 라면에 김치 하나 턱 얹어서 먹으면 진~짜 맛있죠. 칼칼한 라면, 고소한 라면 등 그 종류만 해도 수백 가지가 넘어요. 그.런.데! 밤 늦게 라면을 먹고 자면 다음 날 얼굴이 퉁퉁 붓죠? 왜일까요?

라면처럼 짠 음식에는 나트륨이 많은데, **나트륨은 수분을 몸 안에 가두는 작용을 해요.** 그 때문에 세포 안으로 수분이 많이 들어오게 되고, 세포가 팽창해서 얼굴이 붓게 되지요. 밤 동안에는 소변을 보지 않아 안 그래도 몸에 수분이 많기 때문에, 밤새 특히 더 붓게 되는 것이랍니다.

우리 몸 002 모기에 물리면 왜 가려울까?

모기에 한 번도 안 물려 본 친구는 아마 없겠죠?
모기에 물리면 피부가 빨갛게 부어오르면서 엄청 가려워요.
특히 발가락 사이에 물리면, 윽!
모기가 물면 가려운 이유는, 모기가 피를 빨 때
우리 몸에 침을 흘려 넣기 때문이에요.
모기 침이 들어오면 우리 몸은 이물질이 들어왔다고
여기고 방어 물질인 히스타민 을
만들어 내요. 이 히스타민이
가려움을 일으키는 원인이에요.

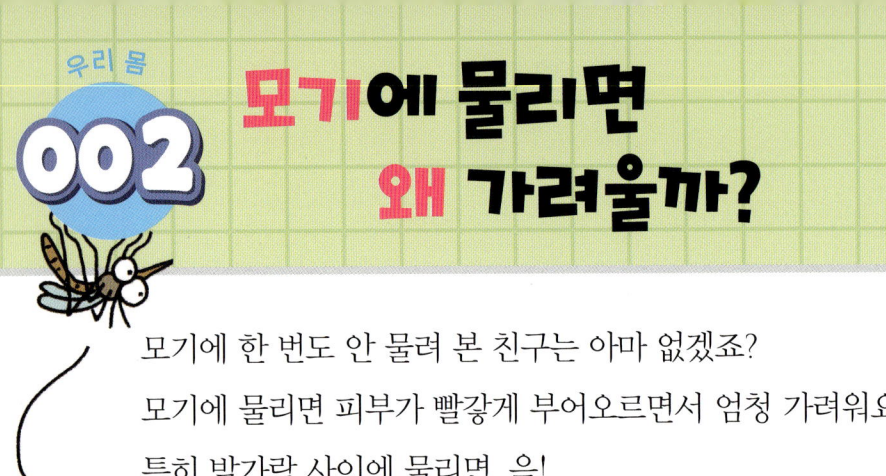

흠냐

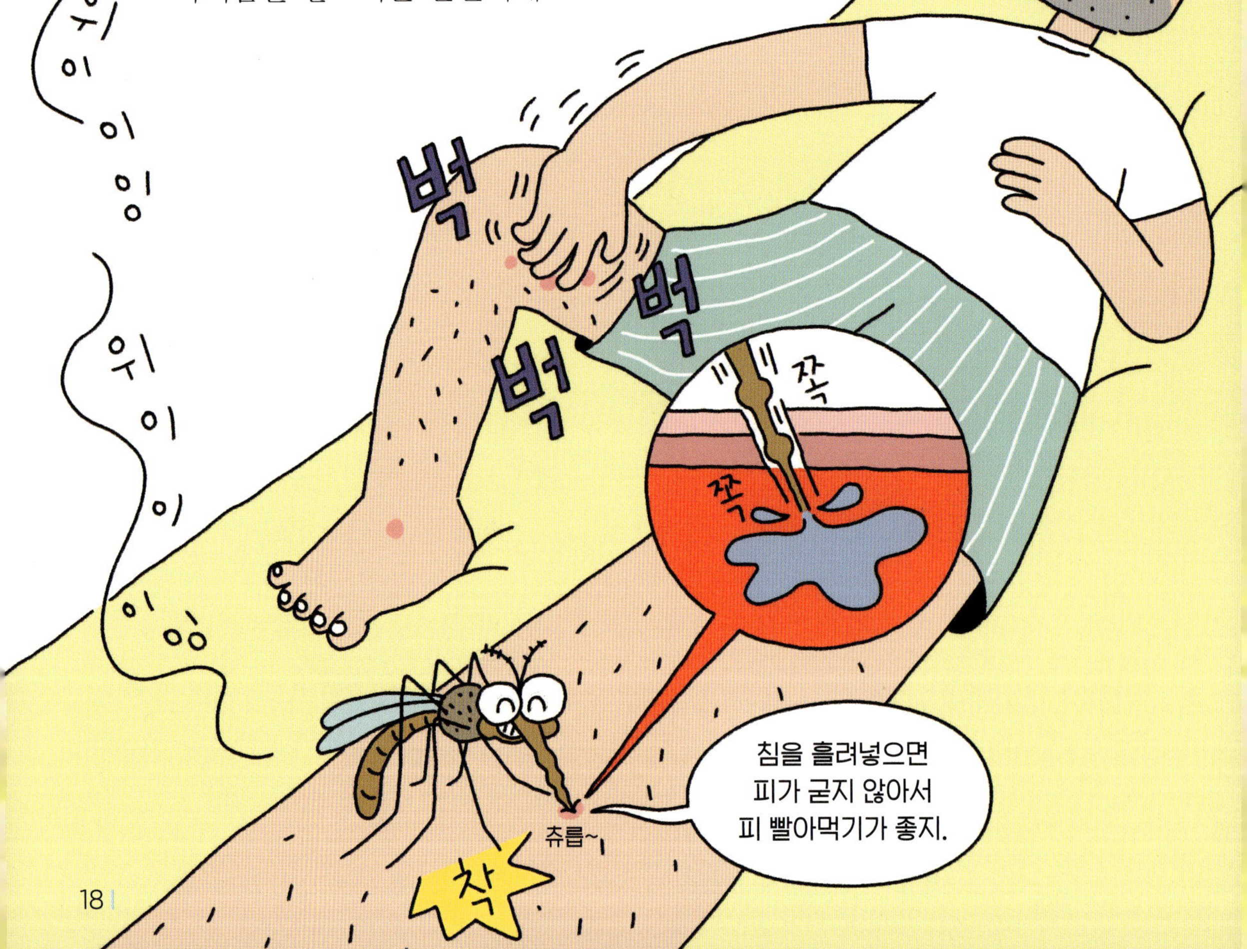

벅 벅벅 쪽 쪽

위이이잉 위이이잉 이잉

츄릅~ 착

침을 흘려넣으면 피가 굳지 않아서 피 빨아먹기가 좋지.

우리 몸

003 안경을 쓰면 왜 눈이 작아 보이지?

혹시 눈이 나빠서 안경 쓰는 친구가 있나요?
어떤 사람은 먼 곳이 잘 안 보이고,
어떤 사람은 가까운 곳이 잘 안 보여요.
먼 곳이 안 보이는 건 **근시**, 가까운 곳이
안 보이는 건 **원시** 라고 해요.

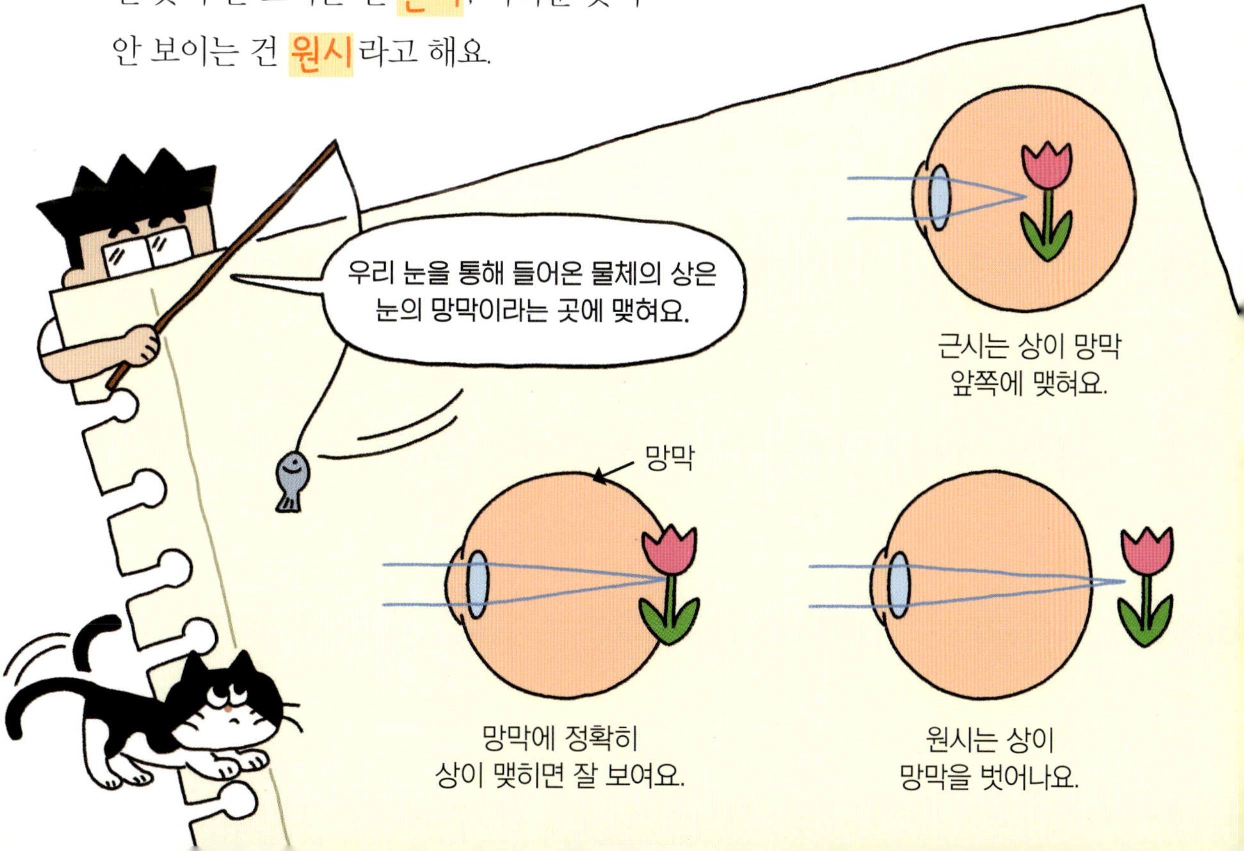

우리 눈을 통해 들어온 물체의 상은
눈의 망막이라는 곳에 맺혀요.

근시는 상이 망막 앞쪽에 맺혀요.

망막

망막에 정확히 상이 맺히면 잘 보여요.

원시는 상이 망막을 벗어나요.

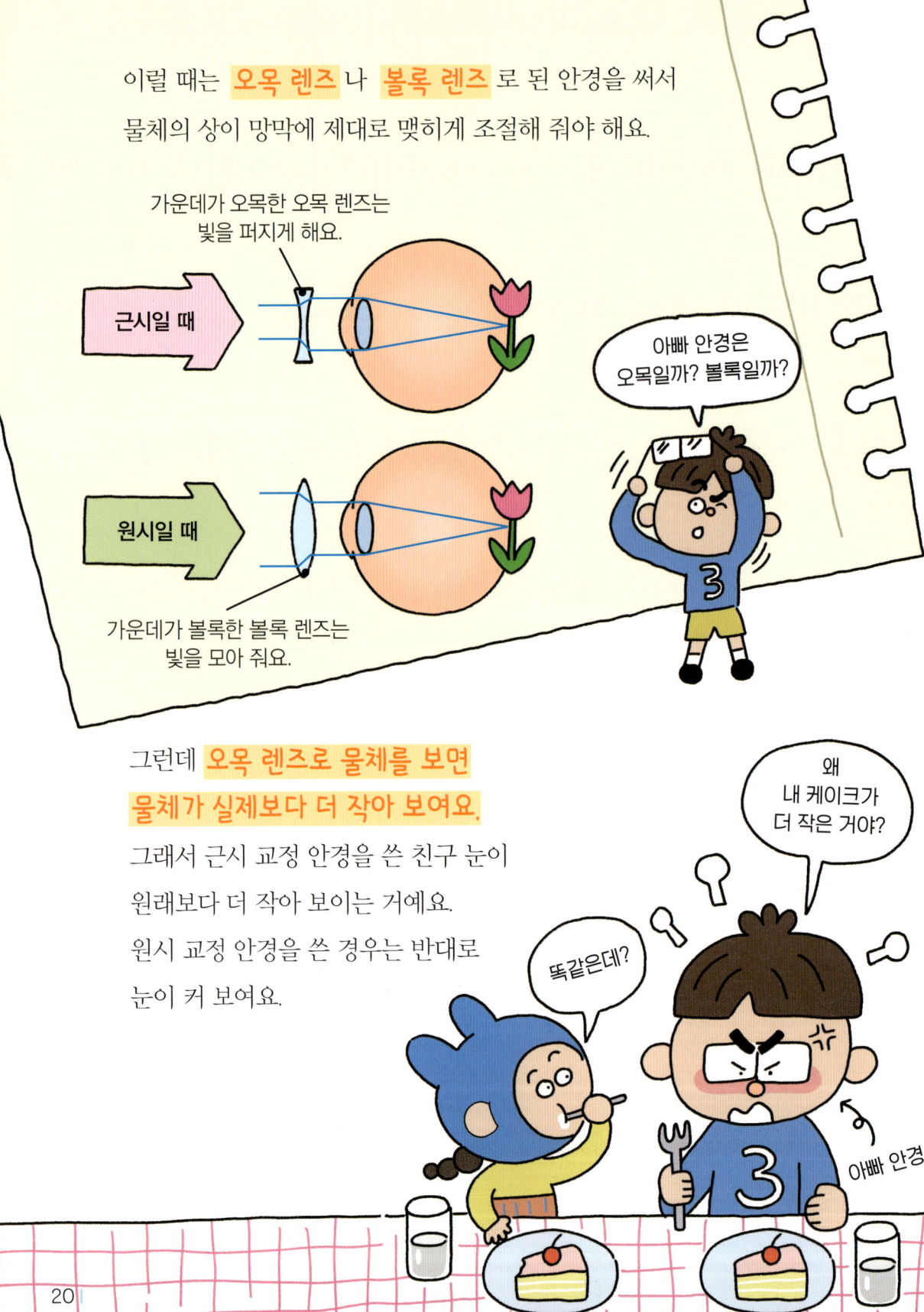

우리 몸 004 하품은 왜 하는 걸까?

졸리거나 피곤할 때면 나도 모르게 저절로 하품이 나오죠? 하아~ 하고 입이 크게 벌어지면서 숨을 깊게 들이마시고 내뱉게 되지요. 하품을 하는 건 ==뇌의 온도를 낮추기 위해서== 라는 의견이 있어요. 하품으로 신선한 공기가 들어오면 코의 혈관 온도가 떨어지고, 차가워진 혈액이 뇌로 가 과열된 뇌의 온도를 낮춘다는 거죠. 이외에도 ==뇌에 산소를 공급하기 위해서== 라는 의견도 있지만 모두 가설일 뿐 정확한 이유는 아직 밝혀지지 않았어요.

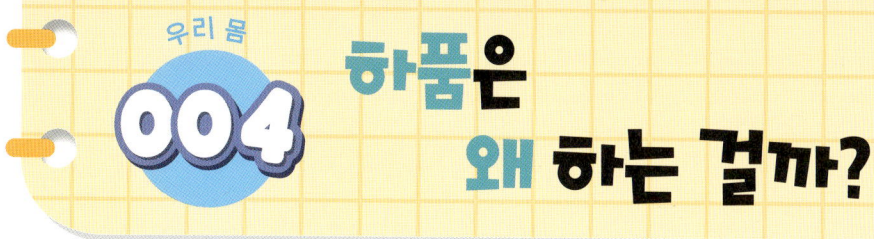

방귀 냄새는 왜 이렇게 지독해?

우리 몸 005

뿌웅~ 뿡! 방귀를 안 뀌는 사람은 없죠? 우리가 음식을 먹으면
입 – 식도 – 위 – 소장(작은창자) – 대장(큰창자)을 거치면서
음식물이 소화가 돼요. 이때 장에 사는 세균이 음식물을
분해하면서 가스를 만들어 내는데, 이 가스와
우리가 삼킨 공기가 섞여 나오는 게 바로 방귀예요.
항문으로 가스가 뿜어져 나올 때 항문 주변의
피부니 근육이 떨리면서 뽕! 소리기 나게 되지요.

사실 원래 장내 가스 대부분은 냄새가 없어요.
그런데 대장이 특정한 세균에 감염되었거나 계란, 고기 등
장내 세균에 의해 분해되어 암모니아, 황화 수소 등을
만들어 내는 음식을 먹으면 방귀 냄새가 아주 지독해져요.
그래서 고기를 먹는 육식 동물이 초식 동물보다
방귀 냄새가 더 독하답니다.

핸드폰을 오래 보면 왜 눈이 침침할까?

우리 눈에는 수정체라는 게 있어요. 이 수정체가 두꺼워지고 얇아지면서 망막에 물체의 상이 맺히지요.

이게 수정체예요. 우리 눈 안에 있는 렌즈 같은 조직이죠. 가까운 곳을 보면 수정체가 두꺼워지고 먼 곳을 보면 수정체가 얇아져요.

몬스터 학교 눈깔 선생님

그런데 핸드폰을 오래 보게 되면, 눈이 피로해지면서 수정체가 제대로 초점을 맞추지 못해요. 또 눈을 깜박깜박해 줘야 눈이 마르지 않고 촉촉해지는데, 핸드폰을 집중해서 보면 눈을 깜박거리지 않게 되어서 눈이 건조해져요. 눈이 뻑뻑해지면서 결국 침침해지는 거예요.

두리야, 눈이 왜 이렇게 빨개! 어디 아파?

아… 책을 좀 많이 봐서…

공포 영화를 보면 진짜 시원해질까?

무더운 한여름이 되면, 무시무시한 공포 영화들이 개봉을 해요.
공포 영화를 보면 오싹오싹 시원해지는 느낌이 들지요.
그런데, 진짜 실제로 우리 몸이 시원해질까요?
정답은? 그렇다! 입니다.

우리 뇌는 무서운 상황이 닥치면 몸에 경고 신호를 보내요.
아드레날린 호르몬이 분비되면서 재빨리 도망갈 수 있게
준비를 하지요. 두근두근 심장 박동이 빨라지고,
즉각적으로 몸을 움직일 수 있게 근육으로 피가 쏠려요.
근육이 수축해 소름이 돋고, 땀샘이 자극되어 식은땀이
나기도 해요. 이때 식은땀이 증발하면서 체온을 빼앗아
서늘함을 느끼게 되지요.

이런 변화들은 사실 **우리 몸이 추울 때의 반응과 비슷해요.**
추위를 느끼면 근육으로 피가 쏠리고, 근육이 수축해
소름이 돋거든요. 그러니까 공포를 느낄 때,
추울 때와 같은 반응이 일어나기 때문에 오싹오싹
실제로 시원함을 느끼게
되는 것이랍니다.

오늘부터 에어컨, 선풍기 치웠으니 더우면 저 그림을 보도록 해!!

맙소사!

헉!

훗, 이걸로 전기 요금 세이브!

008 우리 몸 — 추우면 왜 자꾸 오줌이 마려울까?

우리 몸에는 강낭콩처럼 생긴 콩팥이 좌우에 2개 있어요. 콩팥의 역할은 혈액 속의 노폐물을 걸러내는 건데 **이 걸러진 노폐물이 모인 게 바로 오줌이에요.** 콩팥에서 만들어진 오줌은 수뇨관을 통해 방광에 모여요. 방광이 어느 정도 차면 오줌이 마려워지게 되고 밖으로 오줌을 내보내게 되지요.

우리 몸에는 노폐물을 밖으로 내보내는 기관이 하나 더 있어요. 피부에 있는 땀샘이에요. 땀샘에서 나오는 노폐물이 바로 땀이지요. 더운 여름에는 땀이 많이 나요. 그런데 겨울에는 추워서 땀이 잘 나지 않기 때문에 노폐물은 대개 오줌으로 내보내게 돼요. 그래서 추우면 **방광이 자주자주 차기 때문에** 자꾸 오줌이 마려워지게 되는 거예요.

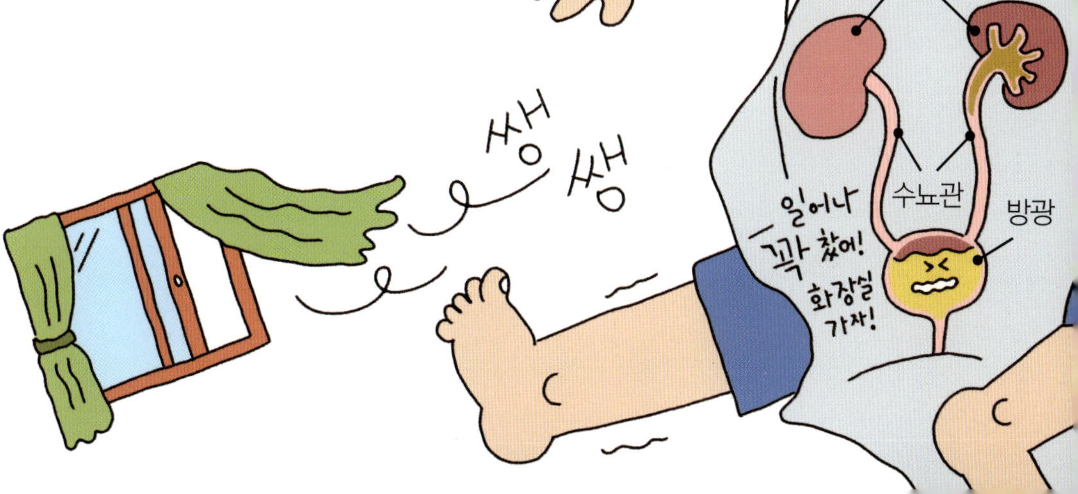

우리 몸 009 코딱지는 왜 생기는 거야?

우리 콧속에는 끈끈한 점막과 코털이 있어요.
콧속으로 들어온 공기는 기관지나 폐로 들어가는데,
공기 중에 섞여 있는 먼지나 병균을 코털이 먼저 걸러 줘요.

걸러진 오염 물질은 **점막에서 나오는 끈끈한 점액과 섞여서 단단하게 뭉쳐지는데**, 이게 바로 코딱지예요.

만약 코딱지가 생기지 않는다면 먼지나 병균이 그대로 기관지나 폐로 들어갈 테니 우리 건강을 위해서는 반드시 코딱지가 있어야겠죠?

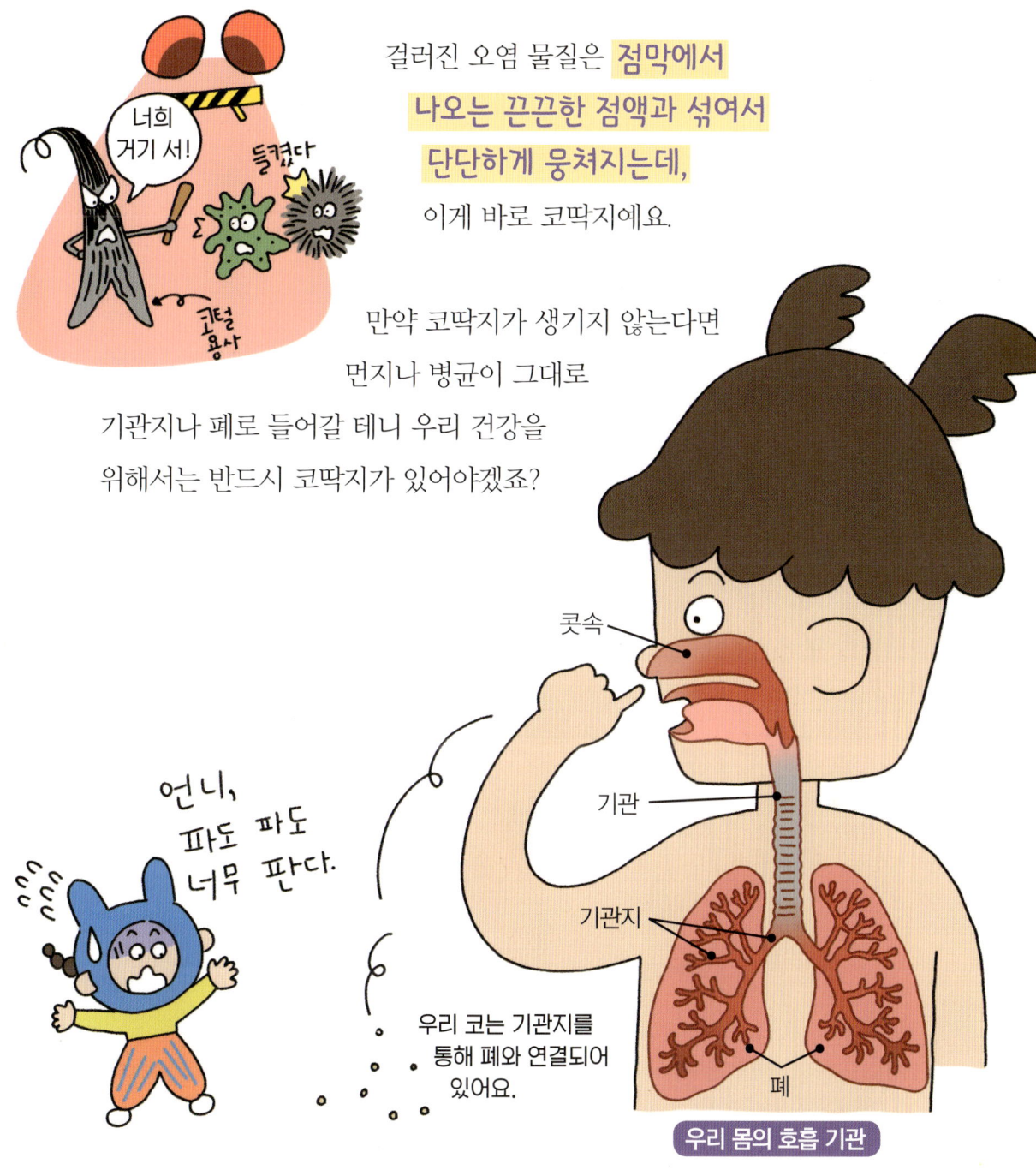

우리 코는 기관지를 통해 폐와 연결되어 있어요.

우리 몸의 호흡 기관

머리카락이 자라는 속도는?

머리카락 끝부분을 확대해 보면 피부에 콕 박혀 있는 걸 볼 수 있어요. 머리카락이 나오는 이 구멍을 모낭이라고 해요.

머리카락이 자라는 속도는 사실 사람마다 다 달라요. 하지만 ==대략 하루에 0.2~0.3밀리미터 정도== 즉, 한 달에 6~9밀리미터 정도 자란다고 해요.

졸리면 왜 눈을 비비게 될까?

졸릴 때면 자연스럽게 눈을 비비게 되죠?
졸리기 시작하면 우리 몸은 손과 발이 따뜻해져요.
혈액을 손과 발의 표면에 집중시키기 때문이에요.
그러면 혈액 속 열이 밖으로 방출되고 체온이 떨어져요.
잠잘 때는 에너지를 많이 사용하지 않게
체온을 떨어뜨려서 신체 활동을 억제하는 거예요.

이렇게 혈액이 피부 가까이 집중될 때
눈 주변에도 집중되는데, 그러면 눈물을 만들어 내는
눈물샘의 활동이 둔해지고 눈물이 메마르게 돼요.
그래서 눈이 뻑뻑해져서 자주 깜박거리게 되고
눈을 비비게 되는 거예요.

오래 달리면 왜 숨이 찰까?

우리 몸 012

달리기를 하면 근육을 많이 쓰게 돼요. 그만큼 많은 에너지가 필요하지요. 우리 몸은 산소를 이용해서 몸속의 영양분을 에너지로 만들어요. 그러니까 에너지가 많이 필요하다는 건 산소가 많이 필요하다는 뜻이에요. 그래서 오래 달리면 **산소가 부족해서** 숨이 찬 거예요.

감기에 걸렸을 때 열이 나는 이유

에취! 감기에 걸렸어요. 감기는 감기 바이러스가 우리 몸에 들어와 일으키는 병이에요. 보통 기침이 나고, 콧물이 흐르고, 열이 나지요. 그런데 감기에 걸렸을 때 열이 나는 이유는 감기 바이러스가 일으키는 증상이 아니라, 우리 몸이 감기 바이러스와 싸우기 때문에 일어나는 증상이에요.

감기 바이러스가 우리 몸에 들어오면, 우리 몸을 지키는 면역 체계가 발동을 해요. 백혈구의 일종인 대식 세포, T세포, B세포 같은 ==면역 세포들이 힘을 합쳐 바이러스를 몰아내지요.==

T세포는 직접 공격도 하지만 대식 세포를 활성화시키고, B세포가 항체 만드는 걸 도와요.

대식 세포는 바이러스를 잡아먹어요.

B세포는 항체를 만들어요. 항체는 바이러스에 결합해 바이러스를 중화시키고, 다른 면역 세포들이 공격할 수 있게 유도해요.

그런데 면역 체계가 작동해서 바이러스를 물리치려면 시간이 필요해요. 그래서 우리 몸은 열을 내 바이러스를 약화시키고 활동을 못 하게 막아요. <mark>감기 바이러스는 열에 약하거든요.</mark> 열을 내 감기 바이러스를 약하게 만들어 시간을 벌고, 면역 세포들이 바이러스를 물리치는 거예요. <mark>면역 세포들은 우리 몸이 뜨끈할 때 오히려 더 활발히 활동한다고 해요.</mark>

이제 감기에 걸렸을 때 열이 나면 우리 몸이 바이러스와 잘 싸우고 있구나 생각하면 되겠죠?

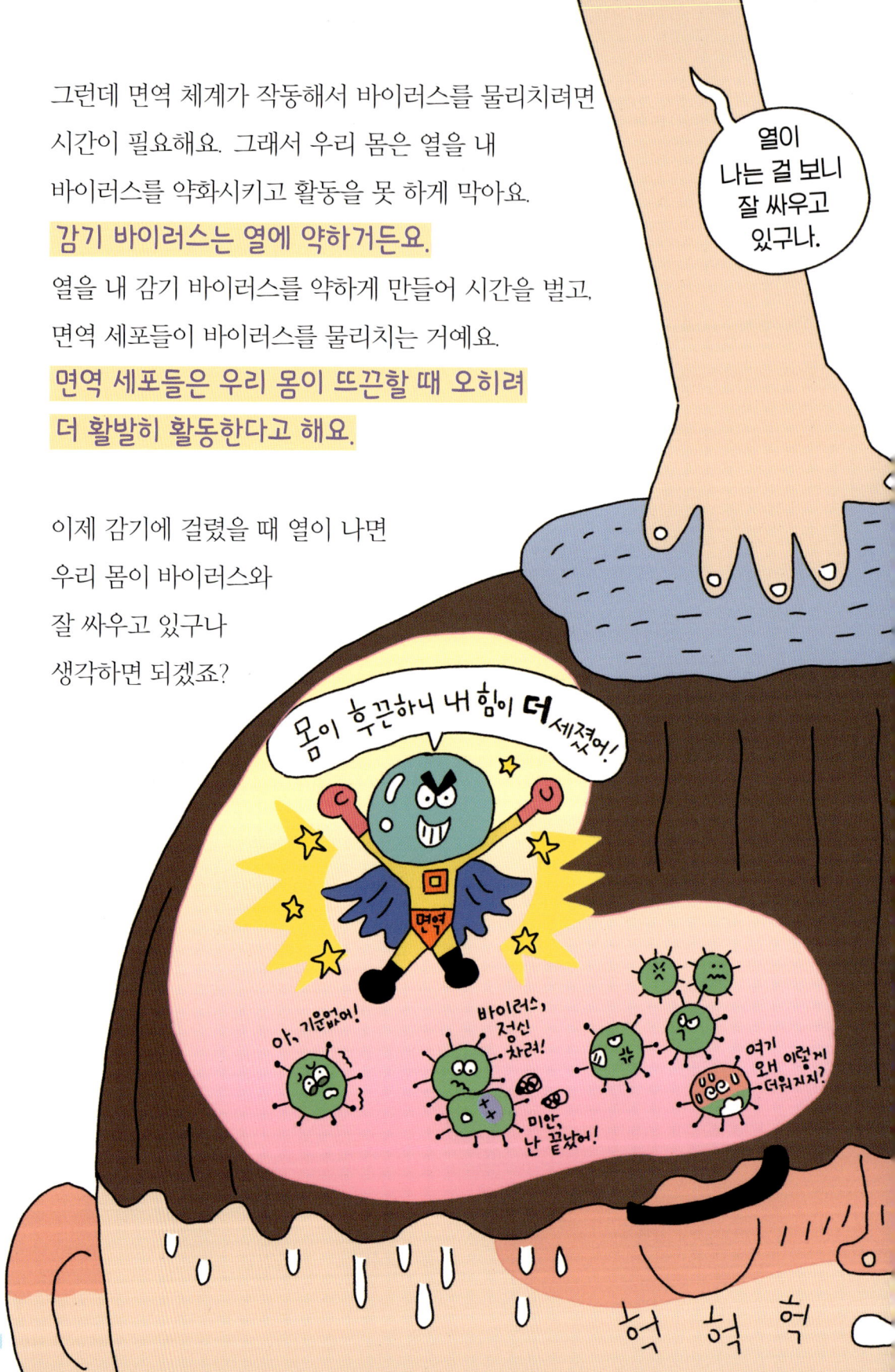

014 우리 몸 — 빙글빙글 돌면 왜 어지러울까?

한 손으로 코를 잡고 빙글빙글 도는 코끼리 코 해 본 적 있나요?
빙글빙글 10바퀴쯤 돌고 나면, 도는 걸 멈춰도 눈앞이 뱅뱅 돌고
몸이 좌우로 기우뚱기우뚱 균형을 잡기가 힘들지요.

우리 귀 안쪽에는 몸이 회전하는 것을 감지하는
감각 기관이 있어요. 바로 반고리관이에요.
반고리관 안에는 림프액이라는 액체가 들어 있는데,
**이 림프액이 출렁거리면서 우리 몸이 똑바로
서 있는지 회전 운동을 하고 있는지 알려 줘요.**
그런데 우리가 빙글빙글 돌다 멈추면, 같이 회전하던 림프액은
단번에 멈추지 못하고 출렁거리며 계속 돌게 돼요.
그래서 림프액이 멈출 때까지
한동안 어지러움을 느끼는 거예요.

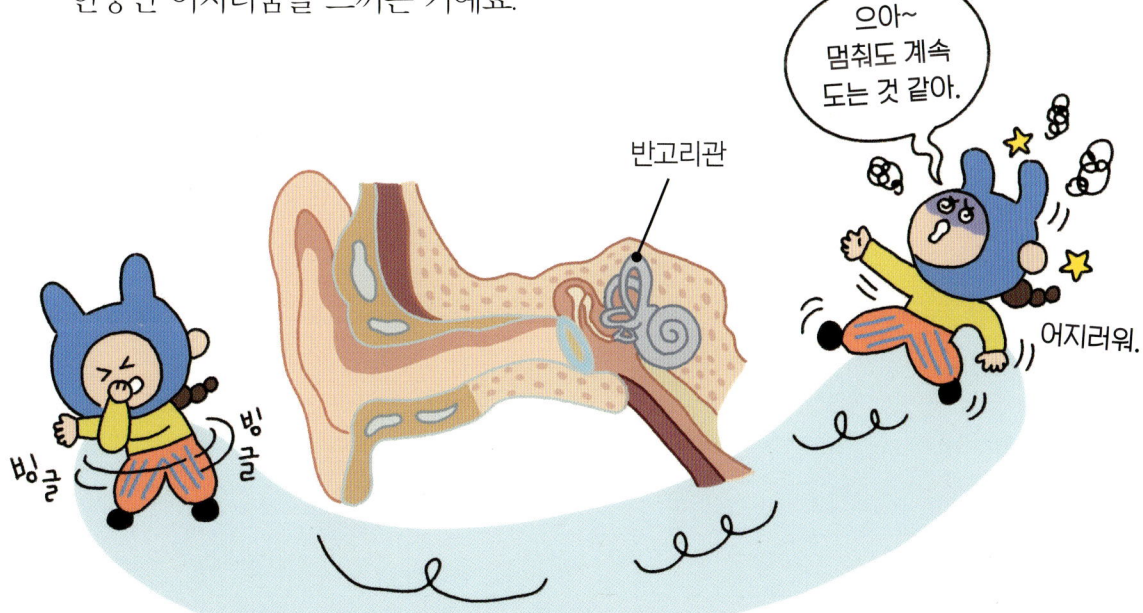

015 우리 배의 한가운데 있는 배꼽의 정체는?

고래에게도 배꼽이 있어요. 고래뿐만 아니라
==새끼로 태어나는 동물은 모두 배에 배꼽이 있어요.==
이런 동물들을 '포유류'라고 해요.
사람 역시 포유류라 배에 배꼽이 있지요.
이 배꼽은 왜 있는 걸까요?

사람의 경우, 아기들은 엄마의 배 속에서 열 달을 지낸 뒤
응애! 하고 울며 세상에 첫발을 내딛게 돼요. 엄마 배 속에
있을 때는 '태아'라고 부르는데, 태아는 탯줄을 통해
엄마로부터 영양분을 얻어요. 탯줄은 지름이 약 1센티미터,
길이가 약 50센티미터인 끈처럼 생겼는데, 이 탯줄 덕에
태아는 엄마의 배 속에서 영양분을 얻으며 건강하고
튼튼하게 자랄 수 있는 거예요.
엄마와 연결되어 있던 탯줄은 아기가 세상 밖으로 나오면
며칠 만에 자연스럽게 떨어져 나가요. 그러고 나면
==탯줄이 있던 흔적==이 남는데, 이게 바로 배꼽이에요.

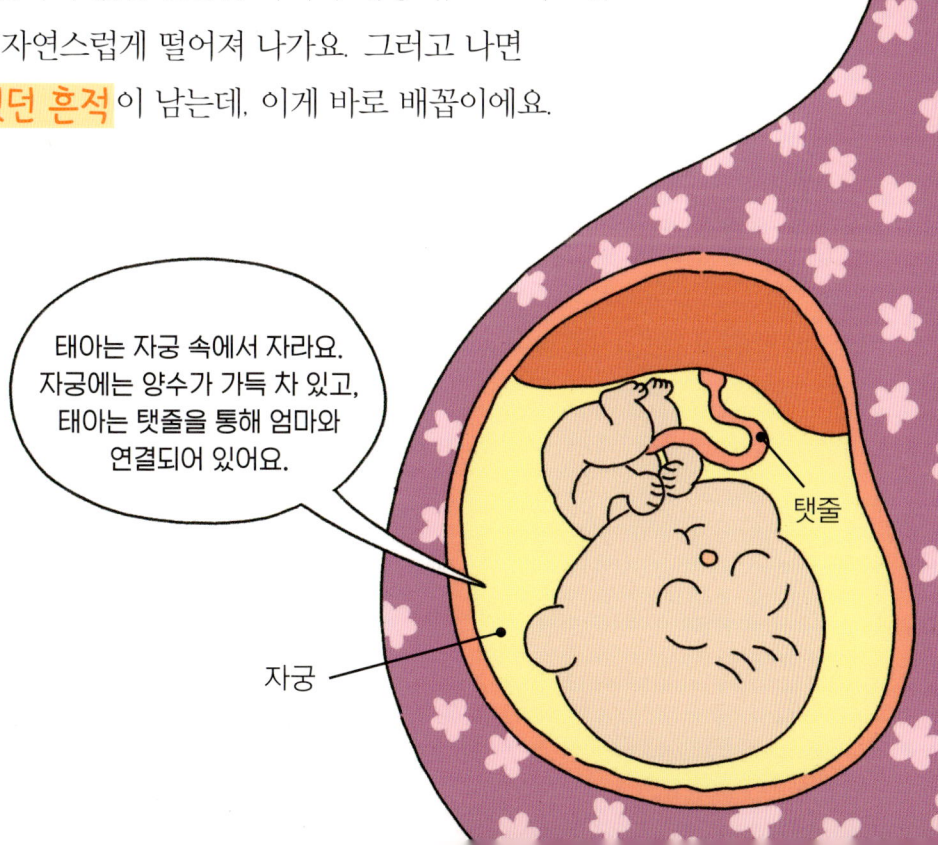

태아는 자궁 속에서 자라요.
자궁에는 양수가 가득 차 있고,
태아는 탯줄을 통해 엄마와
연결되어 있어요.

탯줄

자궁

여름만 되면 왜 피부가 까맣게 될까?

우리 피부에는 멜라닌이라는 흑갈색 색소가 있어요. 햇빛 속 자외선을 흡수해서 자외선이 피부에 깊숙이 들어오는 것을 막아 주지요. 자외선은 우리 몸에 필요한 비타민 D를 만들어 내고 세균이나 바이러스를 죽이는 살균 작용을 하지만, 너무 많이 노출되면 피부가 화상을 입고, 피부암에 걸릴 수도 있어 주의해야 해요.

햇빛이 뜨거운 여름철이 되면, 자외선도 더욱 강해져요. 그러면 우리 몸은 강한 자외선을 막기 위해 멜라닌을 더욱 많이 만들어 내지요. 흑갈색인 멜라닌 세포가 많아지면 피부색도 까맣게 되겠죠? 그래서 한여름에는 피부가 까맣게 되는 것이랍니다.

기쁠 때 나는 눈물이 더 달다고?

슬프면 눈물이 나요. 화가 나거나 기쁠 때도 눈물이 나지요.
눈물은 눈물샘이라는 곳에서 만들어지는데,
사실 우리 눈에는 늘 조금씩 눈물이 흐르고 있어요.
눈을 한 번씩 깜박일 때마다 눈물이 눈동자의 이물질을 씻어 내 주고,
눈을 촉촉하게 해 주어 우리 눈이 건강할 수 있는 거예요.

그런데 슬플 때, 화가 날 때, 기쁠 때 나는
눈물의 맛이 다르다는 걸 알고 있나요?
슬플 때 나는 눈물은 산성 성분이 많아서 **신맛이 나고**
화가 날 때 나는 눈물은 염화 나트륨이 많고
수분이 적어서 특히 더 **짠맛이 나고**
기쁠 때 나는 눈물은 포도당이 들어 있어서 **단맛이 난다고 해요.**
기쁠 때는 눈물도 달다니, 신기하지요?

018 신기한 착시 효과

우리 몸

혹시 정답을 맞힌 친구가 있나요?

아무리 생각해도 B가 더 긴 것 같다고요?

우리는 눈으로 본 건 확실하다고 생각하지요.

그런데 알고 보면 **우리 눈은 종종 착각을 일으키곤 해요.**

두 선의 길이를 재 보면 길이가 정말 똑같아요.

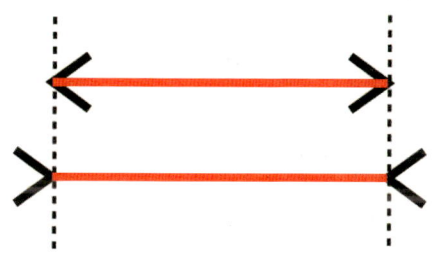

왜 이런 현상이 일어나는지 정확하게는 알 수 없어요.
단지 우리의 뇌가 눈으로 받아들인 여러 정보들을 해석할 때
주변의 여러 환경을 고려하는데, 이때 간간이 착오를 일으킨다는
것만 알 수 있을 뿐이에요.

아래 그림에 있는 가운데 동그라미 중
어떤 동그라미가 더 커 보이나요?

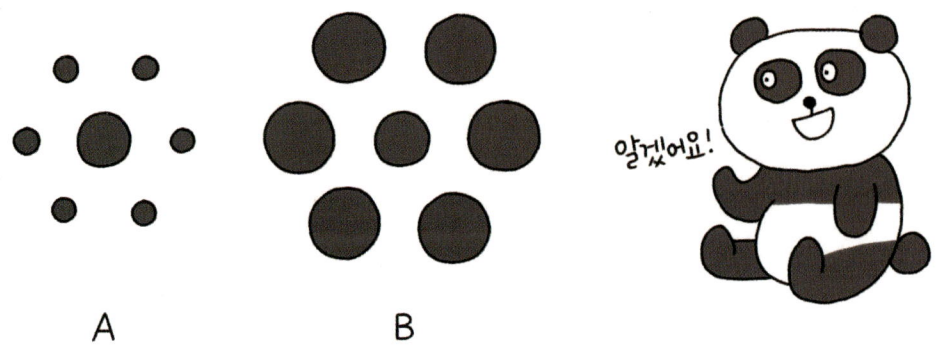

정답을 예상한 친구들도 있죠?
맞아요. 두 동그라미는 크기가 같아요.
아래 선들이 지그재그로 휘어져 보이나요?
하지만 모두 옆으로 곧게 그어진 평행선이랍니다.

어때요? 앞으로는 우리가 직접 눈으로 본 것도
한 번쯤은 의심해 봐야겠죠?

019 우리 몸
재채기는 왜 참을 수 없을까?

우리 몸은 뇌의 지시를 받아요. 팔을 들어 올리거나 걷거나 하는 동작들을 할 때 뇌가 명령을 내리지요. 그런데 장미 가시에 손을 찔렸다거나 뜨거운 냄비에 손을 데였을 때는 어떨까요? 이럴 때는 뇌의 명령을 기다릴 시간이 없어요. 얼른 손을 떼야 더 이상 다치지 않으니까요. 이렇게 위험한 순간일 때 우리 몸은 뇌의 명령을 기다리지 않고 즉각적으로 반응을 해요.

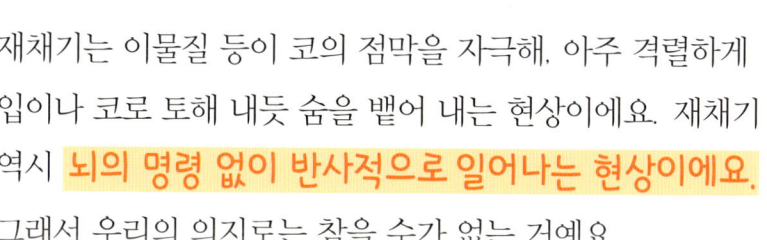

재채기는 이물질 등이 코의 점막을 자극해, 아주 격렬하게 입이나 코로 토해 내듯 숨을 뱉어 내는 현상이에요. 재채기 역시 <mark>뇌의 명령 없이 반사적으로 일어나는 현상이에요.</mark> 그래서 우리의 의지로는 참을 수가 없는 거예요.

동영상 속 내 목소리는 왜 다를까?

핸드폰 영상 속 내 목소리가 실제와 다르게 들리죠? 목소리는 목의 성대가 떨려서 나는 소리예요. 이 떨림이 공기를 타고 전달되어 다른 사람이 듣게 되지요. 그런데 나는 공기를 통해 귀로 전달된 내 목소리 외에 내 몸을 타고 울리는 소리를 같이 듣게 돼요. **두 소리를 합쳐서 듣기 때문에** 다르게 들리는 거예요.

왜 자꾸 잊어버리는 걸까?

우리 뇌로 들어온 여러 일들은 중요한 일과 중요하지 않은 일로 나누어져요. 중요하지 않은 일은 단기 기억으로 분류되어 금세 잊히고, 중요한 일들은 장기 기억으로 분류되어 뇌에 오래도록 저장되지요. 만약 준비물이나 숙제하는 걸 잊었다면, 우리 뇌가 그 일을 별로 중요하게 생각하지 않은 걸 수 있어요.

어제는 점심으로 불고기를, 오늘은 생일이라 친구들과 생일 파티를 하며 떡볶이를 먹었다고 해 봐요. 어제 점심으로 먹은 불고기는 며칠 뒤면 기억에서 사라질지 몰라요. 하지만 친구들과 즐겁게 생일 파티를 하면서 먹었던 떡볶이는 오래 기억에 남을 가능성이 커요. 감정이 섞이지 않은 기억보다 **강렬한 감정이 함께한 기억이 장기 기억으로 저장될 확률이 높거든요.**
여러 번 계속 반복하고 큰 소리로 말하며 외운 기억도 장기 기억으로 저장될 확률이 높다고 해요.

우리 몸 022 꿈은 왜 꾸는 걸까?

잠을 잘 때 한 번도 꿈을 안 꿔 본 사람은 없겠죠?
아침에 깼을 때 꿈의 내용이 생생하게 기억나기도 하고
어떨 때는 꿈을 꿨는지조차 기억이 안 날 때도 있지요.
보통 꿈은 90분 간격으로 규칙적으로 꾼다고 해요.
잠을 자면서 여러 번의 꿈을 꾸게 되는데
잠든 뒤 90분 뒤에 첫 꿈을 꾸게 된대요.
이때 평균 10분 정도 길이의 꿈을 꾸고 이후로
시간이 길어져 40분 정도까지 꾼다고 해요.

그렇다면 꿈은 왜 꾸는 걸까요?
사실 그 해답을 정확하게 아는 사람은 없어요.
단지, 낮에 안 좋은 일을 겪었을 때 그 일이 저녁에
꿈으로 나타나는 경우가 있는데, 이렇게 안 좋은 일을
꿈에서 접하면 꿈에서 깼을 때 **불안감이나 우울함, 스트레스가 낮아진다고 해요.** 꿈을 꿈으로써
심리적으로 안정적인 상태가 되는 거죠.
또 꿈을 통해 **낮에 일어났던 일들을 정리하고 기억을 다듬는다**는 의견도 있어요.

이제 찔끔 찔끔 먹던 츄르는 그만! 난 실컷 먹을거다냥~~

023 우리 몸 — 목욕할 때 나오는 때의 정체는?

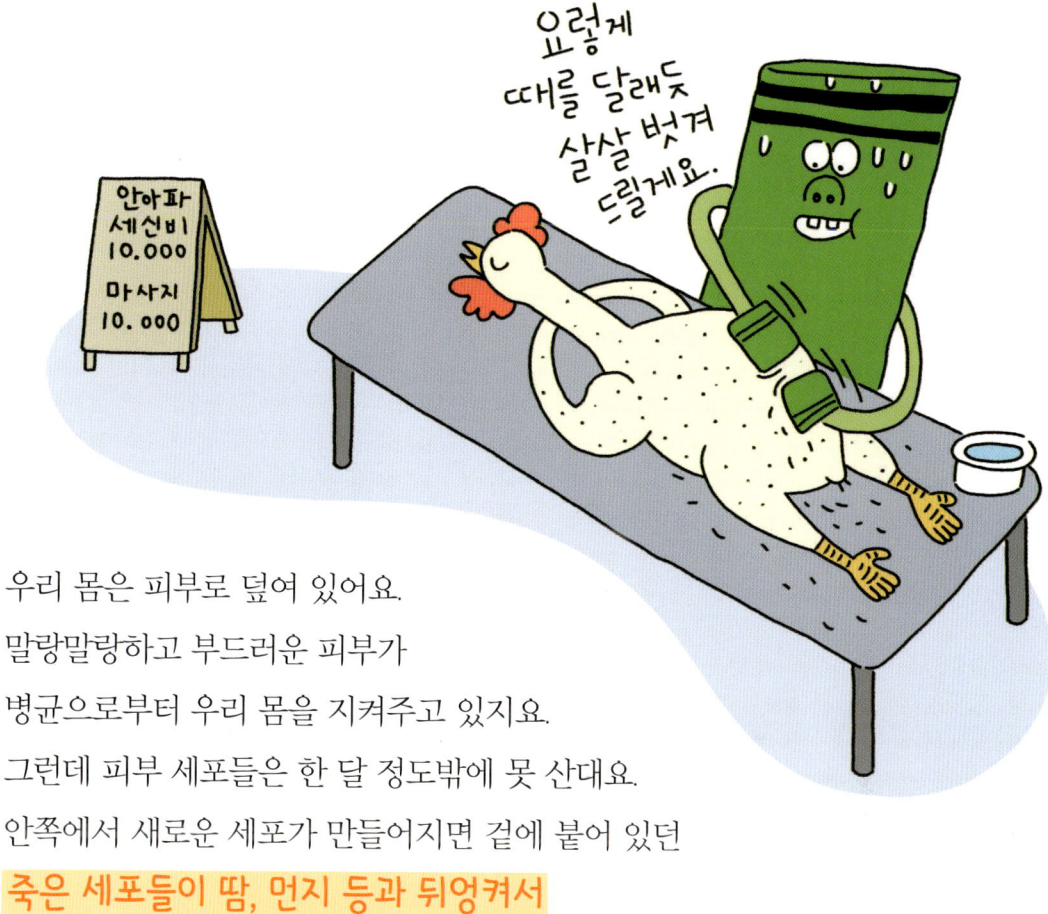

우리 몸은 피부로 덮여 있어요.
말랑말랑하고 부드러운 피부가
병균으로부터 우리 몸을 지켜주고 있지요.
그런데 피부 세포들은 한 달 정도밖에 못 산대요.
안쪽에서 새로운 세포가 만들어지면 겉에 붙어 있던
**죽은 세포들이 땀, 먼지 등과 뒤엉켜서
떨어져 나오게 되는데, 이게 바로 때예요.**

그럼, 때를 박박 문질러서 다 없애는 게 좋을까요?
때를 없애겠다고 피부를 너무 문지르면 피부가 자극을 받고
건조해져서 오히려 피부 건강이 더 안 좋아질 수 있어요.
그러니까 때도 적당히 벗겨 내는 게 좋아요.

우리 몸

024 코골이는 정말 싫어

코나 입으로 들어온 공기는 기도를 지나 폐로 전달이 돼요. 그렇게 우리는 호흡을 하지요. 그런데 잠을 잘 때 여러 원인으로 기도가 일부 좁아져서 제대로 숨을 쉬기 어려워질 때가 있어요. **이때 좁아진 기도를 공기가 지나면서 주변 조직이 떨려 소리가 나게 되는데, 이게 바로 코골이예요.**

기도가 좁아지는 원인으로는 애초에 구조적으로 문제가 있는 경우,
코가 막혔을 때, 너무 피곤해서 근육이 느슨해진 경우 등이 있어요.

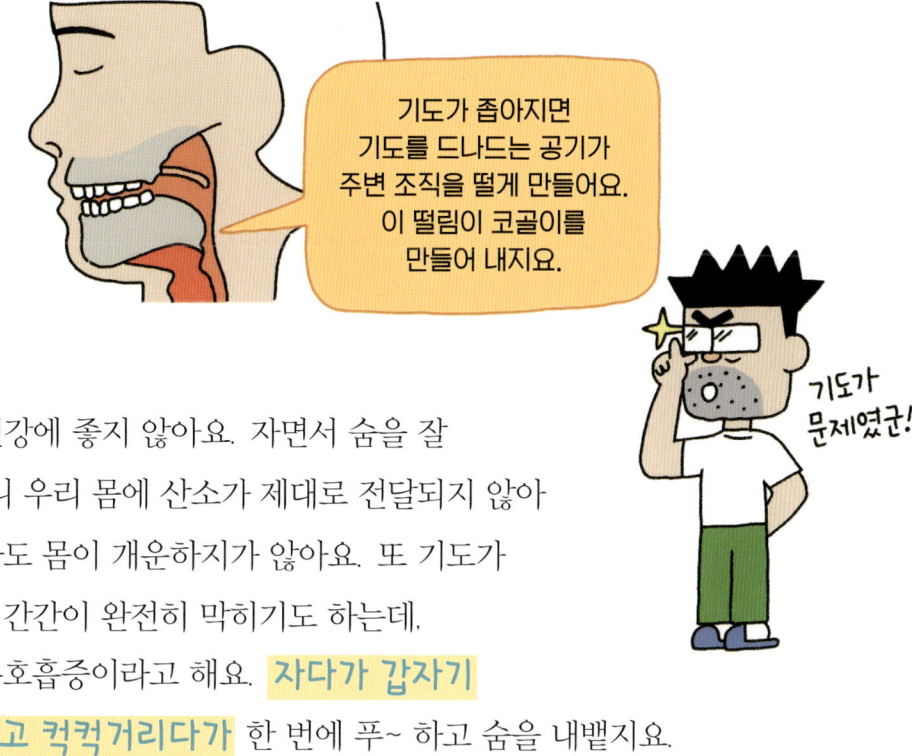

코골이는 건강에 좋지 않아요. 자면서 숨을 잘
쉴 수 없으니 우리 몸에 산소가 제대로 전달되지 않아
자고 일어나도 몸이 개운하지가 않아요. 또 기도가
좁아지다가 간간이 완전히 막히기도 하는데,
이를 수면무호흡증이라고 해요. **자다가 갑자기
숨을 못 쉬고 컥컥거리다가** 한 번에 푸~ 하고 숨을 내뱉지요.
수면무호흡증을 동반한 코골이는 더욱 위험해요.

아주 심한 코골이는 수술로 치료하기도 하지만
약한 코골이는 체중을 줄이거나 옆으로 자는 습관을 들이는 게
도움이 된다고 해요.

우리 몸 025 딸꾹질은 왜 하게 되는 걸까?

딸꾹! 딸꾹! 어느 순간 갑자기 딸꾹질이 나올 때가 있죠? 내 의지로는 멈출 수 없기 때문에 딸꾹질이 오래 계속되면 불편하고 괴로워요.

==딸꾹질은 우리 몸에 있는 횡격막(가로막)의 경련 때문에 생기는 현상이에요.==

횡격막은 가슴과 배 사이에 있는 막으로, 우리가 숨을 들이쉬고 내쉴 때 이 횡격막이 평평해졌다가 수축했다가 하면서 호흡을 도와줘요.

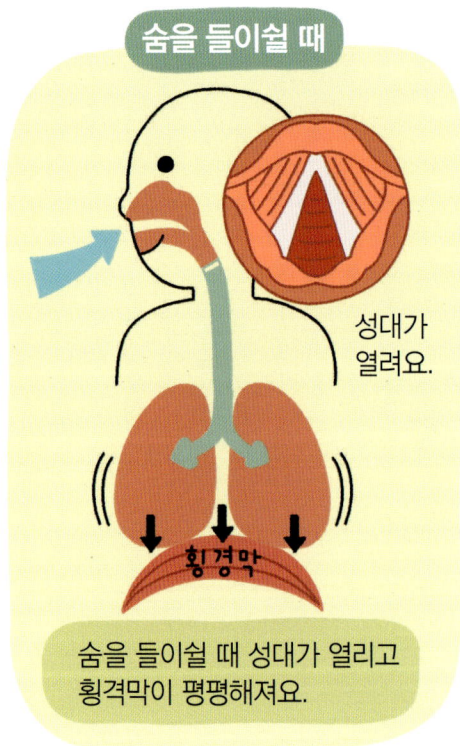

숨을 들이쉴 때 성대가 열리고 횡격막이 평평해져요.

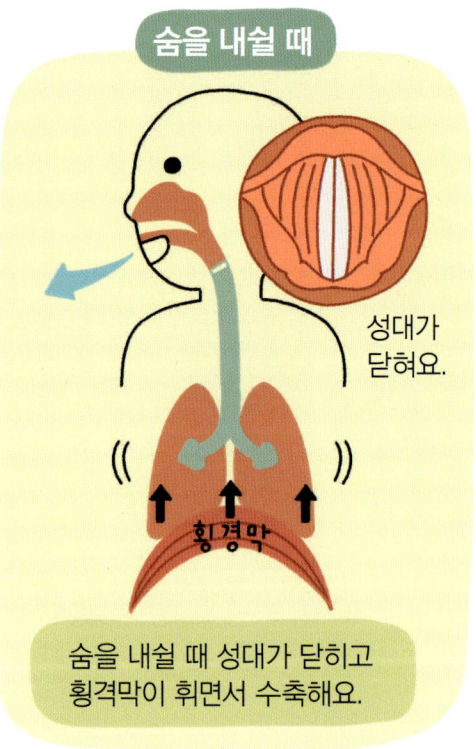

숨을 내쉴 때 성대가 닫히고 횡격막이 휘면서 수축해요.

그런데 갑자기 이 횡격막이 경련을 일으키며 수축할 때가 있어요.
그러면 열려 있어야 할 성대가 갑자기 닫히는데,
이때 딸꾹! 소리가 나게 돼요.
딸꾹질을 하게 되는 원인은 무척 다양해요.
음식을 급하게 너무 많이 먹어 위가 팽창했거나,
갑자기 몸의 체온이 떨어졌거나, 크게 웃을 때 혹은
화가 날 때, 맵거나 뜨거운 혹은 찬 음식을 먹었을 때 등
여러 가지 이유로 딸꾹질이 나요.

그럼, 딸꾹질은 어떻게 해야 멈출 수 있을까요?
갑자기 왁! 하고 깜짝 놀라게 하거나 설탕 한 스푼을
먹거나 숨을 깊게 들이마신 뒤 오래 참거나 비닐봉지를
입에 대고 숨을 쉬거나 찬물을 쭉 들이켜는 게 도움이
된다고 해요.

우리 몸
026 똥은 왜 갈색일까?

대체로 똥은 갈색이죠? 밥, 된장국, 김치찌개, 피자, 토마토,
바나나 등 우리가 먹는 음식들은 색이 무척 다양한데
왜 똥은 갈색으로 나올까요?

우리가 음식을 먹으면 여러 소화액들이 나와서 음식을
소화시켜요. 소화된 음식물은 영양분이 되어
우리 몸 곳곳에 쓰이지요.
소화액 중에는 지방의 분해를 돕는 쓸개즙이라는 게 있어요.
쓸개즙은 간에서 만들어지는데, 쓸개에 저장되어 있다가
흘러나와 장에서 음식물이 소화되는 걸 도와요.
소화가 끝난 물질들이 똥이 되어 몸 밖으로 나올 때
이 **쓸개즙이 같이 나오는데, 쓸개즙 색깔이 바로 갈색**이에요.
그래서 똥이 갈색인 거예요.

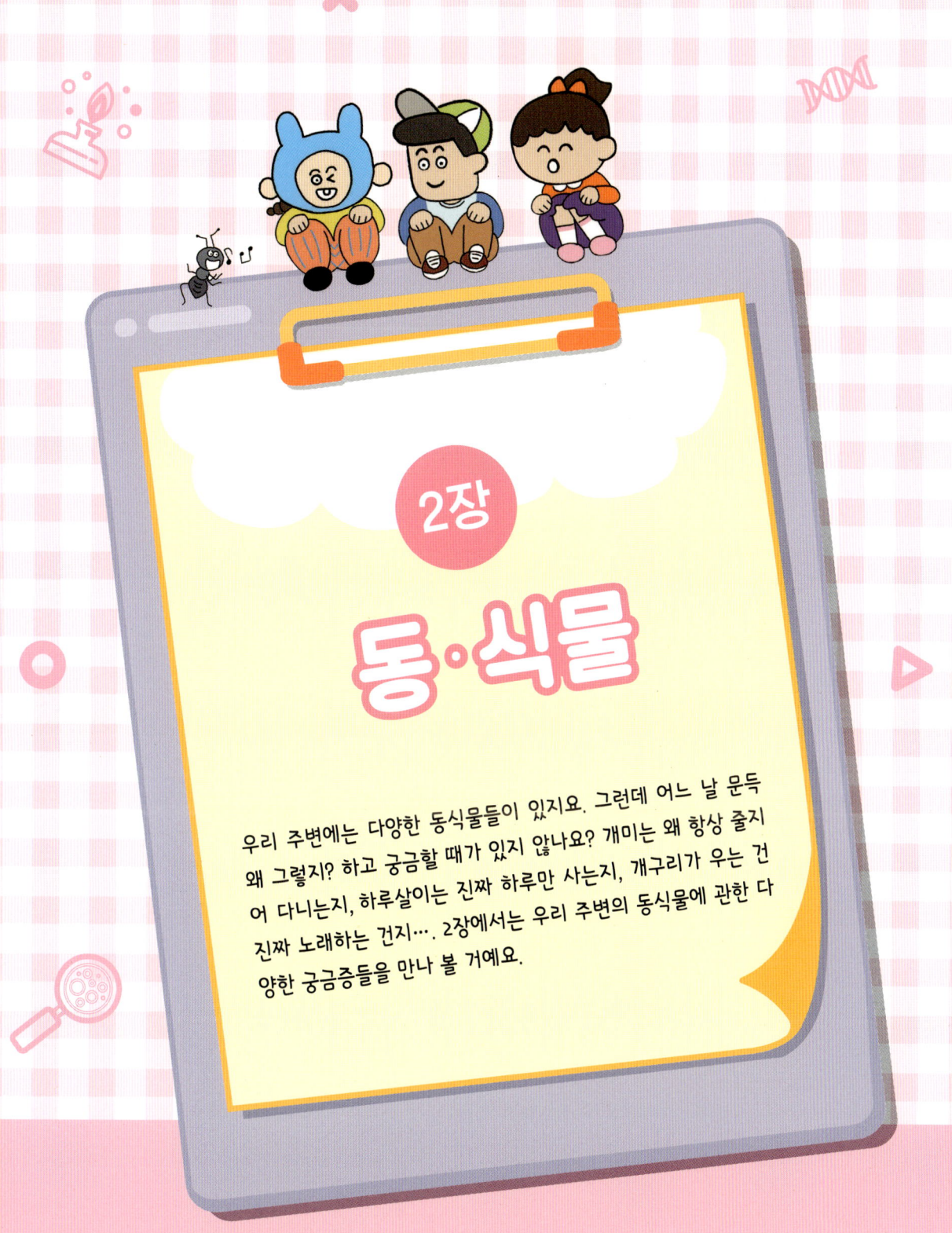

2장

동·식물

우리 주변에는 다양한 동식물들이 있지요. 그런데 어느 날 문득 왜 그렇지? 하고 궁금할 때가 있지 않나요? 개미는 왜 항상 줄지어 다니는지, 하루살이는 진짜 하루만 사는지, 개구리가 우는 건 진짜 노래하는 건지…. 2장에서는 우리 주변의 동식물에 관한 다양한 궁금증들을 만나 볼 거예요.

027 개미는 왜 줄지어 다닐까?

개미는 협동심이 강한 곤충 중 하나예요. 먹이를 찾으러 돌아다니다가 혼자서는 도저히 옮길 수 없는 큰 먹이를 발견하면 친구들을 불러서 함께 먹이를 집으로 옮기지요. 그런데 이때 친구들을 부르러 가면서 <mark>길에 페로몬 냄새를 묻혀 둬요.</mark> 돌아올 길을 찾기 위해서예요. <mark>이 페로몬 냄새를 따라 먹이가 있는 곳으로 다 같이 가기 때문에</mark> 줄지어 이동하는 거예요.

페로몬이란?
곤충들이 의사소통을 위해 내뿜는 화학 물질이에요. 개미들은 이 페로몬 냄새로 위험을 알리거나 친구를 부르거나, 다른 종류의 개미들을 구별해 내요.

동·식물 028 바나나에는 왜 씨가 없지?

지금 우리가 먹는 씨 없는 바나나는 캐번디시 라는 종류의 바나나예요. 원래는 바나나에도 씨가 있어요. 그런데 어느 날 우연히 먹기 편한 씨 없는 바나나가 발견되었고 이후 씨 없는 캐번디시 종이 일반화된 거예요. 이외에도 수백 종의 야생 바나나가 있지만 크고 단단한 씨가 가득해서 먹기가 힘들어요. 캐번디시 종은 씨가 없기 때문에 줄기로 번식시켜요. 바나나를 수확한 뒤 줄기 밑동을 잘라 내면, 6개월쯤 뒤에 땅속줄기에서 새로운 어린 줄기들이 자라요. 이 줄기들을 상하지 않게 잘 잘라서 땅에 심으면 무럭무럭 자라 새로운 바나나가 열리지요.

인간들 덕분에 우리도 씨 없는 바나나를 먹을 수 있게 됐지.

씨가 있다고 날 버리다니 억울해. 엉~ 엉~

인기투표 승

코끼리의 코에는 뼈가 있을까?

코끼리 아저씨는 코가 손이래~라는 동요 들어 본 적 있지요?
코끼리는 코로 냄새도 맡지만, 코로 물을 마시고
우리가 손으로 물건을 집어 올리듯 코로 물건을 잡아요.
코로 나뭇잎을 따서 입으로 가져가 먹기도 하지요.
코끼리 코가 이렇게 자유자재로 부드럽게 움직일 수 있는 건
뼈가 없고 근육으로만 이루어져 있기 때문이에요.
이 근육은 나무도 뽑을 수 있을 만큼 힘이 엄청 세요.

코끼리를 보면 코가 쭈~욱 늘어나는 걸 볼 수 있는데,
이건 코에 주름이 많기 때문이에요.
코의 위쪽 면이 바닥을 보고 있는 아래쪽 면보다
주름이 더 많아서 아래로 더 잘 구부러진다고 해요.

> 친구하고 놀다가 코뼈가 부러진 것 같아요.

> 거참 이상하군요. 코끼리는 코뼈가 없거든요.

하루살이는 진짜 하루만 살까?

하루살이는 크기가 1~3센티미터 정도 되는 곤충이에요.
알에서 깬 뒤, 애벌레 때는 물속에서 살다가 어른벌레가 되면
물 밖으로 나와서 짝짓기를 하고 생을 마감하지요.

하루살이 전체의 삶으로 보면,
이름처럼 딱 하루만 사는 건 아니에요.
어른벌레가 되기 전에 물속에서 1~2년 정도 살거든요.
그런데 짝짓기를 할 수 있는 완전한 어른벌레가 되면
상황이 달라져요.
하루살이는 입이 퇴화되어서 없어요.
먹이를 먹을 수가 없지요.
어른벌레가 된 뒤에는 오직 짝을 찾아
짝짓기를 하고 알을 낳은 뒤 곧바로
생을 마감해요.
종류에 따라 3주 정도 사는 경우도 있지만,
보통은 이 기간이 짧으면 몇 시간에서
길어도 며칠 정도밖에 안 되기 때문에
하루살이라는 이름이 붙은 거예요.

031 물고기는 왜 비늘이 있을까?

장어처럼 비늘이 없는 경우도 있지만, 대부분의 물고기는 비늘이 있어요.
아주 얇은 조각들이 머리에서 꼬리 쪽 방향으로 겹쳐져 있지요.
물고기를 요리할 때는 이 비늘을 벗겨야 먹기가 편해요.
물고기의 단단한 비늘은 물고기의 몸을 보호해 줘요.
또 물의 흐름과 온도를 감지하고, 소리도 들을 수 있게 해 주지요.
물고기에게 비늘은 생존을 위해 꼭 필요한 아주 중요한 기관인 거예요.

비 오는 날에는 왜 길에 지렁이가 많아질까?

지렁이는 몸이 고리 모양의 여러 마디로 이루어져 있는 환형동물이에요. 주로 흙 속에서 살면서 미생물이나 식물의 부스러기, 세균, 동물의 배설물 등을 먹고 살지요. 흙과 함께 소화된 지렁이의 배설물은 식물들에게 아주 좋은 양분이 되고, 지렁이가 땅을 헤집고 다니면서 낸 통로는 땅속에 공기를 통하게 해 여러모로 땅에 좋은 역할을 하는 이로운 동물이에요.

그런데 비가 오는 날이면 평소에는 잘 보이지 않던 지렁이가 불쑥 길 곳곳을 기어가는 모습을 많이 볼 수 있지요? **그건 지렁이가 피부로 호흡을 하기 때문이에요.** 비가 오면 흙 속으로 빗물이 스며들어 호흡을 할 수 없게 되니까 흙 밖으로 기어나오는 거예요. 생존을 위해 필사적으로 올라온 지렁이들이니 지나가면서 밟는 일은 없어야겠죠?

033 뾰족뾰족 선인장을 지켜 주는 가시

사막에서 살아남기 위해선 털을 너처럼 가시로 바꿔야 할까?

선인장 하면 뾰족뾰족한 가시가 떠오르죠?
선인장의 가시는 사실 잎이 변한 거예요.
식물의 잎은 햇빛을 받아 양분을 만드는 역할을 하지만
뿌리에서 빨아들인, 쓰고 남은 물을 배출하는 역할도 해요.
햇빛이 아주 강렬하고 뜨거운 사막에서 넓은 잎은
수분이 많이 증발해서 불리할 수밖에 없어요.
그래서 잎이 가시 모양으로 변한 거예요
수분이 증발하지 못하도록 말이에요.
선인장의 줄기가 통통한 것도 사막에서 살아남기 위한 선택이에요.
선인장은 이 통통한 줄기에 물을 저장한답니다.

034 동물처럼 벌레를 잡아먹는 식물이 있다고?

벌레잡이 식물이라는 거 들어본 적 있나요?
말 그대로 벌레 같은 작은 동물을 잡아먹는 식물이에요.
식물이 동물처럼 무언가를 잡아먹다니, 신기하지요?
벌레잡이 식물 역시 다른 식물들처럼 햇빛을 이용해
광합성을 해서 양분을 얻어요. 하지만 특수하게 변한 잎으로
==벌레들을 잡아 소화·흡수해서 부족한 양분을 얻지요.==
그 종류도 무척 다양한데, 어떤 건 개구리나 들쥐 같은
제법 큰 동물도 잡아먹는다고 해요.
대표적인 벌레잡이 식물로는 벌레잡이통풀, 파리지옥,
끈끈이주걱 등이 있어요. 하지만 대체로 크기가 작기
때문에 우리가 겁먹을 필요는 없어요.

파리지옥
잎 안쪽에 있는 3쌍의 감각털을 두 번 이상 건드리면 재빨리 잎을 닫아서 벌레를 소화해요.

벌레잡이통풀
통 안쪽이 무척 미끄러워서 통 안에 벌레가 잘 빠져요.
통 안에는 소화액이 차 있어서 빠진 벌레는 그대로 소화돼요.

끈끈이주걱
주걱처럼 생긴 잎에 끈끈한 털 같은 게 빼곡히 나 있어요. 벌레가 앉으면 이 털을 오므려 벌레를 소화해요.

035 버섯은 식물일까?

동·식물

답을 먼저 말하자면, 정답은 '아니요'예요.
식물이 아니면 동물이냐고요? 이것 역시 '아니요'예요.
이 세상에는 **식물도 동물도 아닌 생물** 들도 있어요.
균류, 세균, 원생생물 등이지요.
버섯은 이 중 **균류에 속해요.**

포자
균사

균류는 균사라고 불리는 몸이 아주 가늘고 긴
실 같은 것으로 이루어져 있어요.
번식은 포자로 하는데, 눈에 잘 보이지 않을 정도로
아주 작고 가벼워서 공기를 타고 멀리멀리 퍼져요.
균류는 식물처럼 햇빛을 이용해 스스로 양분을 만들 수 없어요.
대신 균사를 뻗어 다른 생물에 붙어서 양분을 얻지요.
보통 식물에 기생해서 살지만, 동물 사체에 기생하는 경우도 있어요.
음식물이 상하거나 집안 축축한 곳에 잘 생겨나는
곰팡이도 균류예요.

넌 동물이니?
식물 아냐?
난 균류야.

036 올빼미는 고개가 몇 도까지 돌아갈까?

올빼미가 고개를 까딱거리다 뒤로 휙 돌리는 모습을
책이나 영상으로 본 적 있나요?
올빼미는 좌우 어느 방향으로든 고개를
무려 270도까지 돌릴 수 있어요.
이렇게 되면 볼 수 있는 범위는 360도까지 늘어나요.
즉, 몸을 돌리지 않고 고개만 돌려서 뒤쪽을 모두 볼 수 있는 거예요.
뿐만 아니라 빙그르르 한 바퀴 위아래로 돌릴 수도 있어요.

올빼미가 이렇게 고개를 돌리는 이유는 눈동자가
정면으로만 고정되어 있기 때문이에요.
우리처럼 눈동자를 좌우로 굴릴 수가
없어서 대신 고개를 움직여
주변을 살피는 것이랍니다.

식물은 어떻게 물만 줘도 잘 자랄까?

동물은 다른 생물을 먹고 양분을 얻지요. 하지만 식물은 스스로 양분을 만들어 낼 수 있어요. 바로 광합성을 통해서요. **광합성은 식물이 햇빛과 물, 공기 중의 이산화 탄소를 이용해 포도당과 산소를 만들어 내는 걸 뜻해요.** 이렇게 만들어진 포도당이 식물의 에너지원이 되지요.

광합성은 식물의 잎에 있는 엽록체에서 일어나는데, 엽록체 안에 있는 엽록소가 빛을 받아들이고, 물은 뿌리를 통해 흡수되고, 이산화 탄소는 잎 뒷면에 있는 기공이라는 구멍을 통해 들어와요. 이렇게 모인 재료로 광합성이 일어나지요. 그래서 물만 주면 식물이 쑥쑥 잘 크는 거예요. 햇빛과 공기는 우리 주변에 늘 있으니까요.

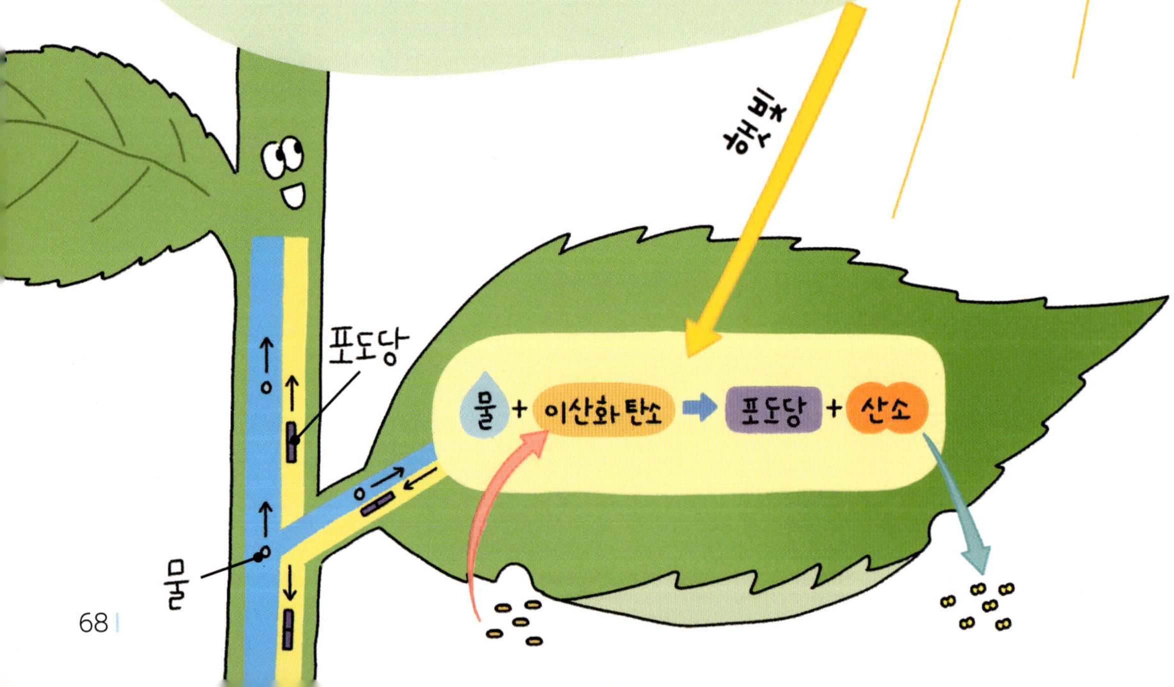

038 박쥐는 오줌도 거꾸로 매달려서 쌀까?

박쥐는 특이하게 생겼어요. 생긴 모습을 보면 쥐 같지만
새처럼 날개가 달려서 하늘을 날아다닐 수 있지요.
그래서 새인가? 하면, 또 새와도 달라요. 새와 달리 날개에
깃털이 달려 있지 않아요. 가죽으로 되어 있지요.

박쥐의 날개는 앞발가락 사이의 피부가 늘어난 거예요. 두 번째에서 다섯 번째 발가락이 유난히 길지요.

박쥐는 새와 같은 조류가 아니라 우리 사람과 같은 포유류예요.
<mark>포유류 중 유일하게 하늘을 나는 동물이지요.</mark>
아주 추운 남극과 북극을 제외한, 거의 전 지구상에서 박쥐를 볼 수 있어요.
박쥐는 보통 동굴 속에서 거꾸로 매달려 있는 모습으로 많이 표현되죠?
맞아요. 박쥐는 주로 무리를 지어 동굴에서 생활해요.
박쥐가 거꾸로 매달려 있는 이유는 발에 근육이 없기 때문이에요.
그래서 다른 동물들처럼 발을 디디면서 땅 위를 걸을 수도,
서 있을 수도 없어요. 대신 손발 모양이 갈고리처럼 생겼기 때문에
어딘가에 탁 걸어서 매달려 있기에는 아주 좋아요.
그래서 발을 걸고 거꾸로 흔들흔들 매달려 있는 거예요.

039 날개 달린 개미가 있다고?

혹시 하늘을 나는 개미를 본 적 있나요?
개미는 무리를 지어 생활해요. 개미 무리는 여왕개미와 수개미, 일개미, 병정개미로 구성되어 있어요. 이중 여왕개미와 수개미가 날개 달린 주인공들이에요. ==짝짓기를 위한 혼인 비행을 위해== 날개를 갖게 되었죠.

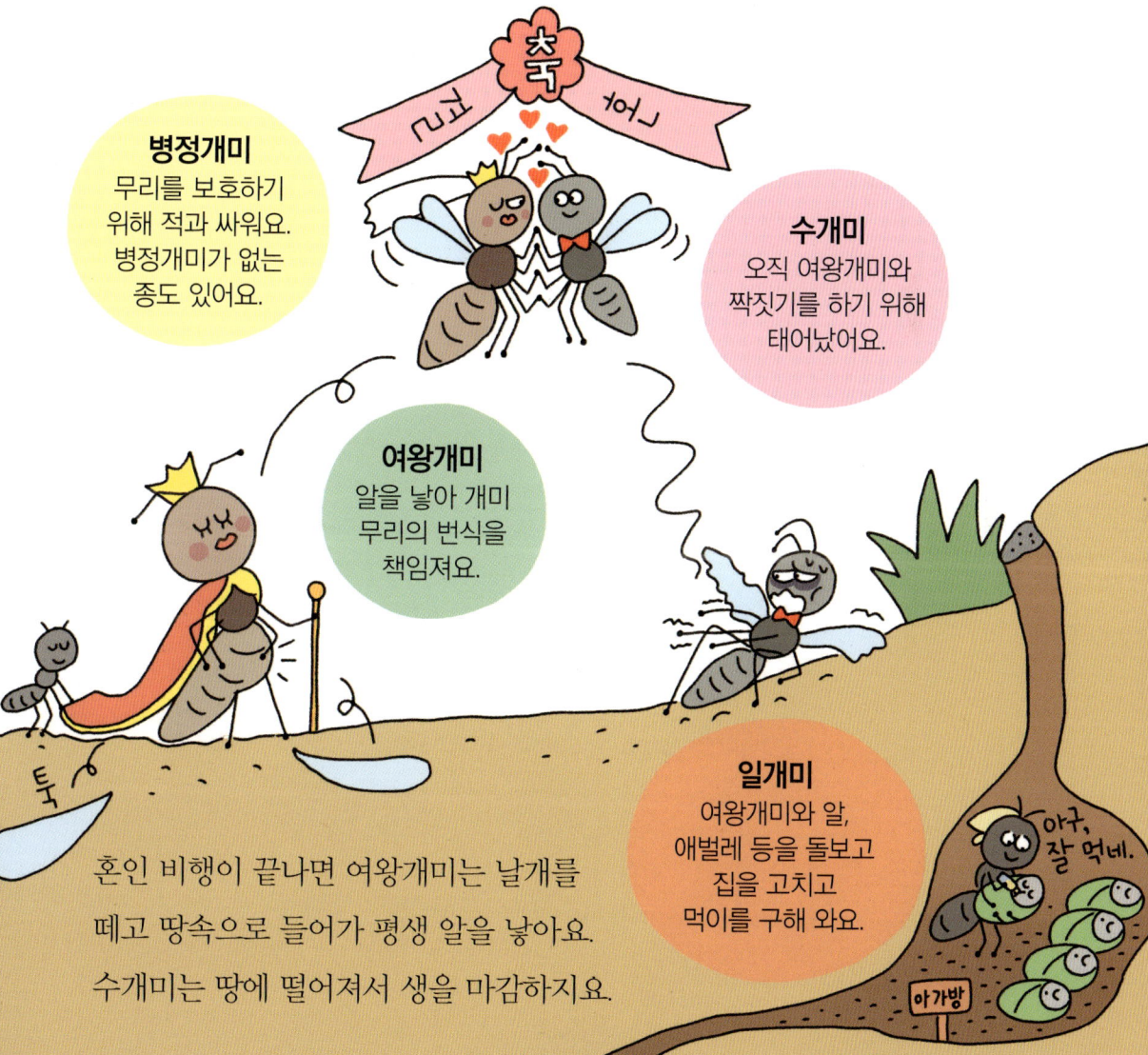

병정개미 - 무리를 보호하기 위해 적과 싸워요. 병정개미가 없는 종도 있어요.

수개미 - 오직 여왕개미와 짝짓기를 하기 위해 태어났어요.

여왕개미 - 알을 낳아 개미 무리의 번식을 책임져요.

일개미 - 여왕개미와 알, 애벌레 등을 돌보고 집을 고치고 먹이를 구해 와요.

혼인 비행이 끝나면 여왕개미는 날개를 떼고 땅속으로 들어가 평생 알을 낳아요. 수개미는 땅에 떨어져서 생을 마감하지요.

040 가을이 되면 왜 단풍이 들까?

식물의 잎에는 엽록소가 있다고 했죠? 엽록소는 초록색 색소예요.
햇빛이 충분한 봄과 여름에는 엽록소의 양이 많아져서
잎이 더욱 초록색으로 보여요.
그런데 햇빛의 양이 적어지는 가을, 겨울이 되면 광합성을 하기
힘들어지고 잎 속의 엽록소가 파괴되어 힘을 못 쓰게 돼요.
그러면 노랗고 빨간 다른 색소들이 밖으로 드러나게 되지요.
이렇게 알록달록 단풍이 드는 거예요.

당신을 처음 만난 계절이 다시 왔네요.

우리 봄에 만났는데요.

대체 가을에 누굴 만났던 거예요?

아, 아파요.

아… 아니, 그러니까 가을이 지나면 겨울이 오고, 그러면 또 봄이 오니까 그래서….

북극곰의 피부는 검은색?

섭씨 영하 50도를 밑도는 북극에 군림하는 세계 최강의 육식 포식자!
바로 북극곰을 두고 하는 말이에요. 커다란 덩치에 하얗고 둥글둥글
귀엽게 표현되지만, 실상 북극곰은 무서운 사냥꾼이에요.
큰 덩치에서 나오는 엄청난 힘으로 단숨에 사냥감을 사냥하지요.

북극처럼 아주 추운 곳에서도 북극곰이 살 수 있는 이유는
북슬북슬 두터운 털이 체온을 유지해 주기 때문이에요.
사실 북극곰은 **검은 피부 위에 투명한 털이 덮여 있어요.**
털이 흰색 아니냐고요? 햇빛에 반사되어서 흰색처럼 보이지만
북극곰의 털은 투명해요. 투명한 털은 햇빛을 피부에 잘 닿게 해 주고
검은 피부는 햇빛을 잘 흡수해 체온을 따뜻하게 유지시켜 주지요.

알면 뽐낼 수 있는 과학 100 | 73

042 너무너무 헷갈려!
부엉이 VS 올빼미, 수달 VS 해달

동물의 세계에서 보면 우리가 똑같은 옷을 입은 듯 생김새가 비슷해서 헷갈리는 동물들이 있어요. 가장 대표적인 동물이 부엉이와 올빼미지요. 언뜻 보면 꼭 닮아 보이지만 중요한 차이점이 있어요. 바로 머리의 깃이 있느냐 없느냐 예요.

해달과 수달은 생김새는 비슷하지만 살아가는 모습이 달라요. 해달은 바다에서 살아요. 바다에 누워서 둥둥 떠다니며 배에 조개를 올려 두고 먹거나 잠을 자고 새끼를 배에 올려 두고 돌봐요. 반면 수달은 주로 강에서 살아요. 꼬리가 해달보다 훨씬 길고, 물속을 헤엄쳐 다니기 좋게 몸이 유선형으로 생겼지요. 그리고 해달이 수달보다 더 크고, 털이 더 풍성해요.

물고기는 어떻게 물속에서 숨을 쉴까?

물고기는 아가미로 숨을 쉬어요. 아가미를 열고 닫을 때마다 물이 흘러들어 오고, 물속의 산소가 아가미의 실핏줄을 통해 몸에 흡수가 돼요. 몸속에서 필요 없어진 이산화 탄소는 아가미를 통해 밖으로 내보내져요.

혹시 물고기 낚시해 본 적 있나요? 물고기는 물 밖에 나오면 파닥파닥거리다가 숨을 못 쉬고 금세 죽어 버려요. 물고기는 물속에 녹아 있는 산소만 아가미를 통해 흡수할 수 있고 직접적으로 산소를 들이마시지는 못하기 때문이에요.

044 바퀴벌레의 무시무시한 생존력

바퀴벌레는 한번 집 안에서 보이면 없애도 없애도 어디선가 계속 기어 나와요. 끈질긴 생존력! 하면 바퀴벌레가 생각나지요. 그럼, 진짜 바퀴벌레가 그렇게 생존력이 강할까요?

바퀴벌레의 생존력에 관한 기록을 살펴보면, **공기가 없어도 약 45분은 버틸 수 있다고 해요.** 우주여행에 데리고 간 바퀴벌레 중에 임신에 성공한 경우도 있대요. 급작스런 환경의 변화와 우주로 갈 때의 큰 스트레스를 받으면서도 종족을 번식시킬 수 있다니, 대단하죠? 그리고 무엇보다 바퀴벌레는 **머리가 없어도 최소 일주일은 살 수 있다**고 해요. 머리 없이 일주일 동안 움직인 기록이 있다니, 진짜 그 생명력은 인정해 줘야 할 것 같아요.

045 카멜레온은 어떻게 몸의 색깔을 바꿀 수 있을까?

카멜레온은 육지에 사는 파충류예요. 몸의 색을 자유자재로 바꾸는 걸로 유명하지요. 카멜레온이 몸의 색을 바꾸는 이유는 주변 환경에 몸을 숨기기 위해서도 있지만, 감정을 나타내거나 의사 소통을 하기 위해서이기도 해요.

편안한 기분일 때는 주로 초록색을 띠고, 흥분하게 되면 노란색, 주황색, 빨간색 등으로 바뀌지요.

예전에는 피부 아래에 있는 색소의 양을 조절해 몸의 색을
바꾼다고 생각했어요. 하지만 최근에 밝혀진 바로는
피부에 반사되는 빛을 조정해 색을 바꾼다고 해요.

햇빛은 흰색이 아니에요. 햇빛을 프리즘에 통과시켜 보면
여러 색으로 나뉘는 걸 볼 수 있지요. 이 여러 색 중
흡수되지 않고 반사되는 색을 우리가 보게 돼요. 그러니까
파란 꽃은 파란색을, 노란 꽃은 노란색을 반사시키는 거예요.
카멜레온의 피부에는 빛을 반사하는 두 개의 층이 있는데,
카멜레온이 피부를 당기거나 늘리면 반사되는 빛이 달라진다고 해요.
붉은색으로 보이고 싶을 때는 붉은색을, 초록색으로 보이고 싶을
때는 초록색을 반사시키는 거예요. 카멜레온은 이런 방법으로
자유자재로 몸의 색을 바꾸는 것이랍니다.

프리즘은 삼각기둥 모양의 투명한 도구예요. 프리즘을 통과한 빛은 여러 색으로 나뉘어요.

동·식물

046 흰 꽃을 붉은 물에 꽂으면 붉게 변할까?

꽃은 알록달록 색이 무척 다양해요. 분홍 장미, 노란 해바라기, 푸른 수국……, 꽃의 종류만큼 색깔도 다양하지요.
색이 이렇게 여럿인 이유는 각자 고유의 색소를 가지고 있기 때문이에요. 간혹 색소를 가지고 있지 않은 경우도 있는데, 그럴 때 꽃 색깔이 흰색이 돼요.

그럼, 만약 흰색 꽃을 붉은색 물에 꽂아 두면 어떻게 될까요?
정답은, 꽃 역시 붉은색으로 변한다 예요.
식물에는 물을 빨아들이는 물관이 있는데, 이 물관에 붉은색이 비쳐 보여서 붉은색을 띠지요. 흰 꽃의 줄기를 반으로 갈라서 각각 다른색 물에 꽂아 두면 꽃잎도 각각의 색으로 변해요.

047 여름잠을 자는 동물도 있다고?

동물들 중에는 추운 겨울에 겨울잠을 자는 동물들이 있어요.
먹이를 구하기가 힘들고, 체온을 유지하기도 어렵기 때문에
나무 속이나 땅속에서 겨울잠을 자면서 버티는 것이지요.
곰, 개구리, 다람쥐, 뱀 등이 겨울잠을 자는 대표적인 동물들이에요.

그런데 아주 더운 여름에 여름잠을 자는 동물들도 있어요.
==무덥고 건조한 사막에 사는 뱀이나 곤충들은 강렬한 햇빛을 피해 여름잠을 자요.== 무척 더운 ==열대 지방에 사는 동물들도== 참기 힘든
무더위를 피해 여름잠을 자지요.
주변에서 흔히 볼 수 있는 ==달팽이==도 여름잠을 자는 동물이에요.
달팽이는 햇빛에 약하기 때문에 껍데기 안으로 몸을 숨기고
더운 여름을 나지요. 참고로 달팽이는 추운 겨울을 나기 위해
겨울잠을 자기도 해요.

달팽아, 놀자!

더위를 피하기 위해 숨 쉴 구멍만 남겨 두고 하얀 막을 친 채 여름잠을 자요.

048 길을 잘 찾는 비둘기의 비밀

비둘기는 예로부터 길을 잘 찾는 것으로 유명한 새예요. 그래서 전화가 없던 옛날에는 비둘기 다리에 편지를 매달아 먼 곳에 전하기도 했지요. 지금의 우편배달부 역할을 했던 거예요. 비둘기가 이렇게 길을 잘 찾는 비밀은 비둘기의 머리에 있어요. 비둘기의 머리뼈와 뇌의 막 사이에 자석 세포가 있는데 이 세포가 나침반의 역할을 해 주거든요.

지구는 거대한 자기장으로 둘러싸인 커다란 자석이에요. 같은 극끼리는 밀어내고, 다른 극끼리는 끌어당기는 자석의 성질을 이용해 길을 찾는 나침반도 그래서 만들어질 수 있었지요. 우리가 동서남북을 알기 위해 나침반을 이용하듯, 비둘기 역시 머릿속의 나침반을 이용해 길을 찾는 거예요.

지구는 북극 쪽이 S극, 남극 쪽이 N극이에요. 나침반은 항상 북쪽을 가리키기 때문에 방향을 알 수 있어요.

자석 세포가 나침판 역할을 해요.

저쪽이 북쪽!

매미들은 왜 그렇게 시끄럽게 울어 댈까?

한여름만 되면 맴맴 맴맴 엄청 큰 소리로 매미들이 울기 시작해요.
매미 울음소리가 들리기 시작하면, 아~ 이제 여름이 왔구나, 실감이 나지요.
그런데 그렇게 시끄럽게 울어 대는 매미는 사실 모두 수컷이에요.
암컷을 부르기 위해서지요.
매미는 땅속에서 몇 년 동안 살다가 어른벌레가 되면 밖으로 나오게
되는데, 밖에서 살 수 있는 기간은 길어야 몇 주 정도밖에 되지 않아요.
이 짧은 기간에 암컷을 만나 짝짓기를 하고 자손을 남겨야 하지요.
그렇기 때문에 암컷이 소리를 듣고 찾아올 수 있도록
그렇게 큰 소리로 열심히 울어 대는 거예요.

뱀은 왜 계속 혀를 날름거릴까?

뱀, 하면 어떤 이미지가 떠오르나요?
꿈틀거리는 긴 몸. 슬그머니 치켜드는 머리. 그리고 날름거리는 혀가 떠오르지 않나요?
뱀은 끝이 양 갈래로 갈라진 혀를 끊임없이 날름거려요. 그 이유는 **냄새를 맡기 위해서**예요.
혀를 날름거리면서 공기 속에 실려 온 냄새를 위턱 안쪽에 있는 야콥슨이라는 기관에 전달해 냄새를 맡지요.
이렇게 먹이를 찾는 거예요.
뱀은 시력이 약해서 5미터 이상은 볼 수 없다고 해요.

고래가 물속에서 숨을 못 쉰다고?

고래는 바다에 살지요. 하지만 상어와 같은 어류가 아니라 우리 사람과 같은 포유류예요. 그래서 새끼를 낳아 젖을 먹여 길러요. 그래도 바다에서 사니까 당연히 물속에서 숨을 쉴 수 있지 않냐고요? 고래는 <mark>아가미로 숨을 쉬지 않고 폐로 숨을 쉬기 때문에 물속에서 숨을 못 쉬어요.</mark> 그런데도 고래가 바다에서 살 수 있는 이유는 바로 <mark>숨을 잘 참기 때문</mark>이에요. 수면 위로 올라와 산소를 가득 들이켠 뒤에 물속에서 오랫동안 숨을 참는 거죠. 사람이 3분 정도 숨을 참는데 비해, 고래는 종류에 따라 10분에서 약 1시간 반까지도 숨을 참을 수 있다고 해요.

새들은 진짜 처음 본 걸 엄마로 생각할까?

병아리나 오리, 거위 같은 조류들은 알에서 깬 직후 처음 본 걸 엄마로 인식한다고 해요. 이를 각인 현상 이라고 하지요. 간혹 TV에서 아기 새들이 엄마 새를 졸졸졸 따라다니는 모습을 본 적 있지요?

새들의 이런 특성은 생존을 위한 것이에요. 갓 태어난 새끼 새가 엄마를 인식하고 졸졸 따라다니면서 위험을 피하고 보호를 받는 것이지요. 엄마로 인식하는 특정한 시기를 결정적 시기 라고 하는데, 태어난 직후 한동안만 이런 특성을 나타내는 것으로 알려져 있어요. 이런 각인 현상은 움직이는 물체에 반응 하는 거라서 엄마 새가 아니라 사람이나 다른 동물도 엄마로 인식한다고 해요.

개굴개굴 개구리가 우는 건 노래하는 걸까?

'개굴개굴 개구리 노래를 한다.'라는 가사가 있지요? 개구리는 볼이나 턱 아래에 울음주머니가 있어서 이걸 부풀려서 소리를 내요. 개구리는 대체 왜 그렇게 울어 대는 걸까요?

개굴개굴 우는 개구리들은 모두 수컷이에요. <mark>짝을 찾기 위해서 울어 대는데, 자신의 영역을 지키기 위해서 울기도 해요.</mark> 어떤 상황인지에 따라 울음소리가 조금씩 달라지는데, 비가 오는 날은 유독 더 크게 울어요. <mark>호흡하기가 편하기 때문이에요.</mark> 개구리는 폐로도 호흡하지만 피부로도 호흡을 해요. 그런데 피부 호흡은 몸이 축축할 때 더 편하게 할 수 있거든요. 그래서 축축한 날씨에 호흡이 편해 더 크게 우는 거예요.

054 해를 바라보는 해바라기의 진실

해바라기는 이름처럼 해를 바라보는 꽃으로 유명하지요.
아침에 동쪽을 바라보고 있다가 해가 뜨면 해를 따라 점차
고개를 서쪽으로 돌려요. 해가 진 뒤에는 다시 동쪽으로 고개를
돌린 뒤, 아침에 해가 뜨면 또 해를 따라 움직이지요.
그렇다면 동쪽에서만 계속 빛을 비추면 해바라기는
동쪽만 계속 바라보고 있겠네요?
그런데 사실은 그렇지가 않아요. 실험을 해 보니 빛을 비추는
방향과 상관없이 서쪽으로 다시 고개를 돌렸다고 해요.
해바라기를 움직이는 건 햇빛이 아니라는 얘기지요.

사실 해바라기를 움직이는 건 해바라기 안에 세팅되어 있는
일정한 주기예요. 해를 따라 고개를 돌리는 게 아니라
==24시간 간격으로 반복되는 주기에 따라==
==동쪽에서 서쪽으로 고개를 돌리는 거예요.==

그리고 해바라기가 고개를 움직이는 건 꽃이 피기 전
봉오리 때뿐이에요. 꽃이 피고 나면 그때부터는 동쪽만
바라보고 더 이상 고개를 돌리지 않아요.
봉오리 때 고개를 계속 돌리는 이유는 줄기의 방향이
해를 향해야 잎이 더 많은 햇빛을 받을 수 있기 때문이에요.
해를 따라 움직이는 건 아니지만, 햇빛을 잘 받을 수 있게
설계되어 있는 것이지요. 양분을 만들어 내는
광합성의 효율을 높이기 위해 이런 주기를
갖게 되었다고 해요.

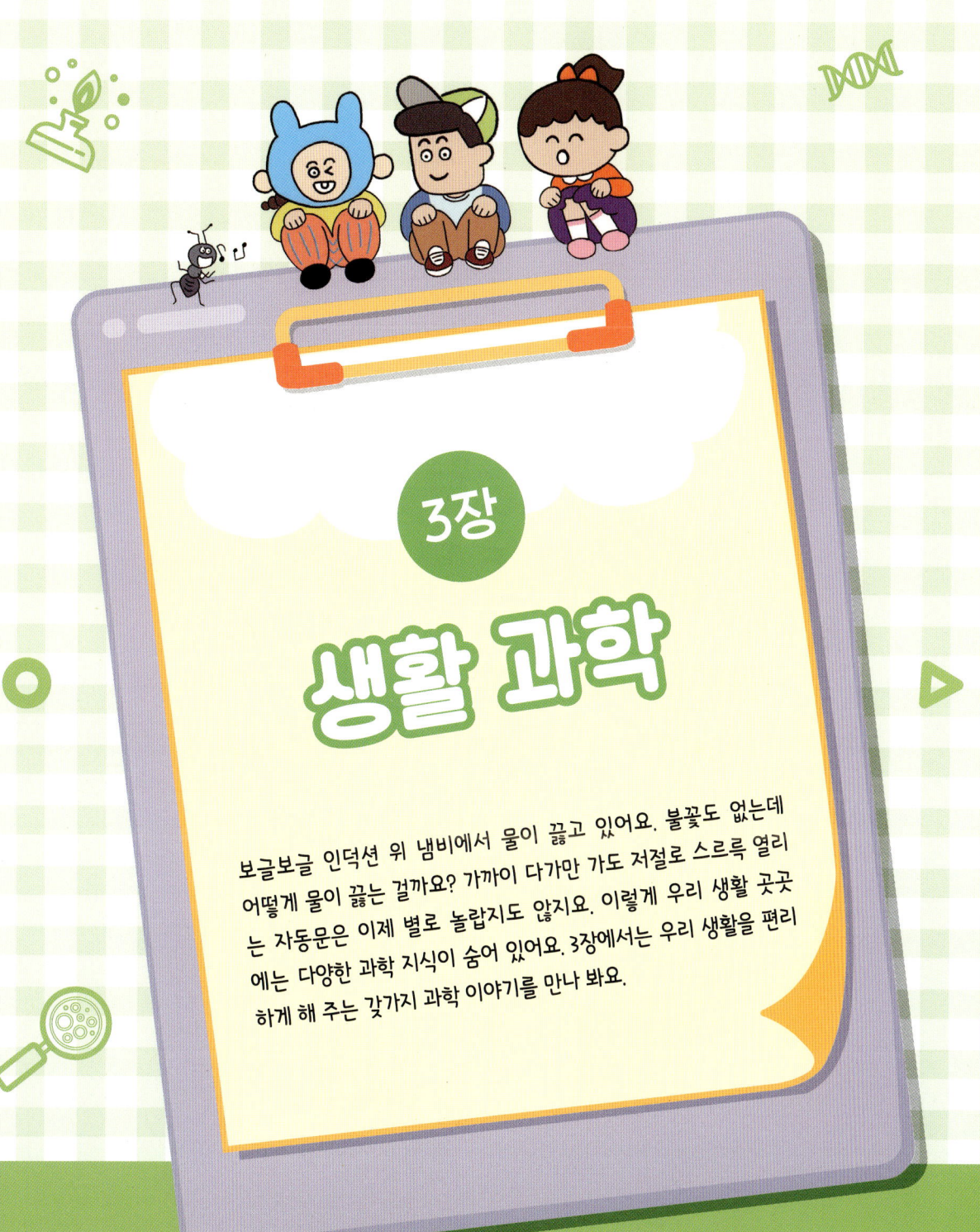

3장
생활 과학

보글보글 인덕션 위 냄비에서 물이 끓고 있어요. 불꽃도 없는데 어떻게 물이 끓는 걸까요? 가까이 다가만 가도 저절로 스르륵 열리는 자동문은 이제 별로 놀랍지도 않지요. 이렇게 우리 생활 곳곳에는 다양한 과학 지식이 숨어 있어요. 3장에서는 우리 생활을 편리하게 해 주는 갖가지 과학 이야기를 만나 봐요.

인덕션은 불꽃도 없는데 어떻게 요리가 되지?

요즘은 가스레인지 대신 인덕션을 사용하는 가정이 늘고 있어요. 불꽃이 일지 않아 화재의 위험이 적고, 요리를 할 때 실내 공기를 오염시키는 유해 가스 발생도 적어서 점차 인기를 끌고 있지요. 그런데 인덕션을 사용할 때는 전용 용기가 필요해요. 전용 용기를 쓰지 않으면 열이 발생하지 않거든요. 인덕션용 국자가 아니면 달고나를 해 먹을 수가 없는 거예요.

인덕션 내부를 살펴보면 아주 촘촘한 코일로 이루어져 있어요. 여기에 전류가 흐르면 강한 자기장이 만들어지고, 이 자기장 위에 인덕션용 용기를 올리면 용기에 소용돌이치는 전류인 와전류가 생겨요. 이때 용기에는 이 전류를 거부하는 전기 저항이 일어나는데, 이 충돌로 인해 열이 발생해 용기가 뜨거워지게 되지요. 인덕션 상판은 뜨거워지지 않고, 용기만 뜨거워지는 거예요.

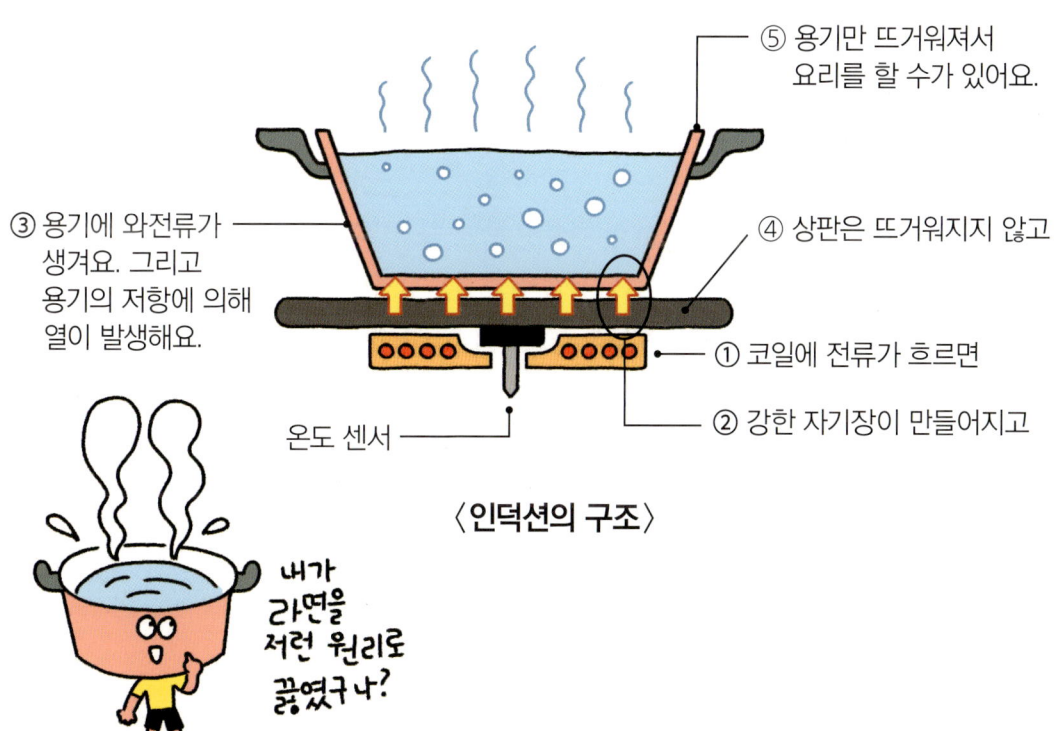

〈인덕션의 구조〉

생활 과학 056
드라이아이스, 네 정체가 뭐야?

아이스크림을 사면 드라이아이스를 넣어 주지요? 집에 가는 동안 아이스크림이 녹지 않도록 말이에요. 이 드라이아이스는 얼음일까요?

드라이아이스는 얼음이 아니라 **이산화 탄소를 압축시켜서 얼려 놓은 거예요**. 섭씨 0도인 얼음과 달리 섭씨 영하 78.5도까지 내려가기 때문에 차가운 음식을 보관하는 용도로 두루두루 사용하고 있지요. 실온에 놔 두면 몽글몽글 연기가 피어오르는데, 절! 대! 맨손으로 만지면 안 돼요. 심한 동상에 걸릴 수 있답니다.

생활 과학 057
가위는 어떻게 종이를 자를 수 있는 걸까?

가위는 엇갈려 있는 두 개의 날을 교차해서 종이나 천 등을 자를 수 있게 만들어진 도구예요. 일상에서 가장 많이 사용하는 도구 중 하나죠.

가위가 스르륵 종이를 쉽게 자를 수 있는 데는 중요한 과학 원리가 숨어 있어요. 바로 **지레의 원리** 예요.

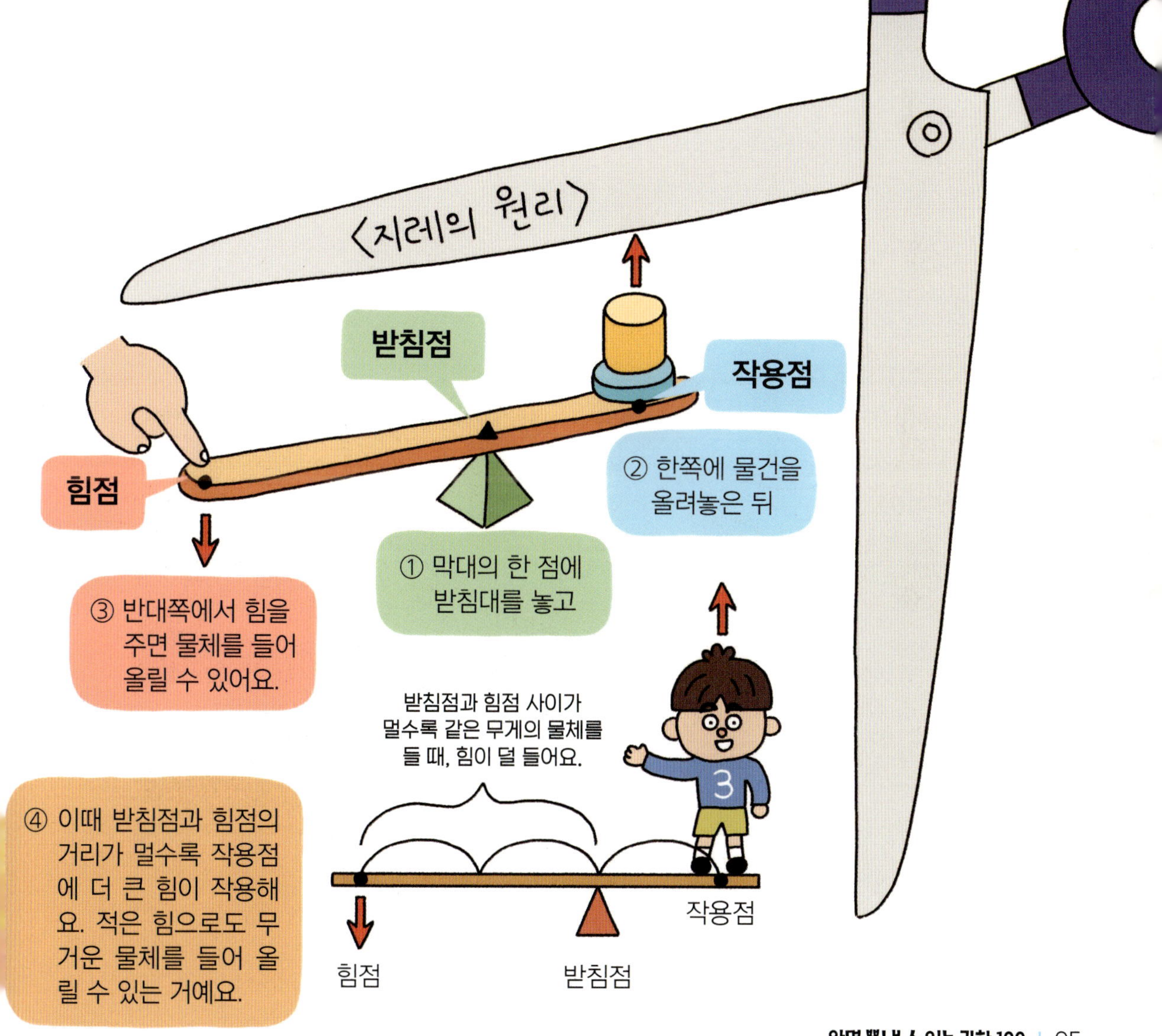

<지레의 원리>

받침점

작용점

힘점

① 막대의 한 점에 받침대를 놓고

② 한쪽에 물건을 올려놓은 뒤

③ 반대쪽에서 힘을 주면 물체를 들어 올릴 수 있어요.

④ 이때 받침점과 힘점의 거리가 멀수록 작용점에 더 큰 힘이 작용해요. 적은 힘으로도 무거운 물체를 들어 올릴 수 있는 거예요.

받침점과 힘점 사이가 멀수록 같은 무게의 물체를 들 때, 힘이 덜 들어요.

힘점   받침점   작용점

가위 역시 이 지레의 원리로 종이를 잘라요.

우리가 손으로 잡는 부분이 힘점,
두 개의 가윗날이 연결된 부분이 받침점,
가윗날 부분이 작용점이에요. 그래서 작은 힘으로
쉽게 종이나 천을 자를 수 있는 거예요.

생활 과학 058

비눗방울은 왜 항상 둥글까?

하늘로 하늘하늘 올라가는 비눗방울을 보면 알록달록 예쁘지요. 작게 불면 작게, 크게 불면 아주 큰 비눗방울을 만들 수 있어요. 그런데 작건 크건 비눗방울은 모두 둥글어요. 세모나 네모 비눗방울은 왜 안 만들어지는 걸까요? 그건 모든 액체는 **표면적을 작게 가지려는 성질**이 있어서예요. 이를 **표면 장력**이라고 하지요. 액체가 공기와 맞닿는 표면에서 일어나는 현상이에요. 그리고 표면적을 가장 작게 가질 수 있는 형태가 바로 둥근 구이기 때문에 비눗방울은 늘 둥근 모양을 유지하는 것이랍니다.

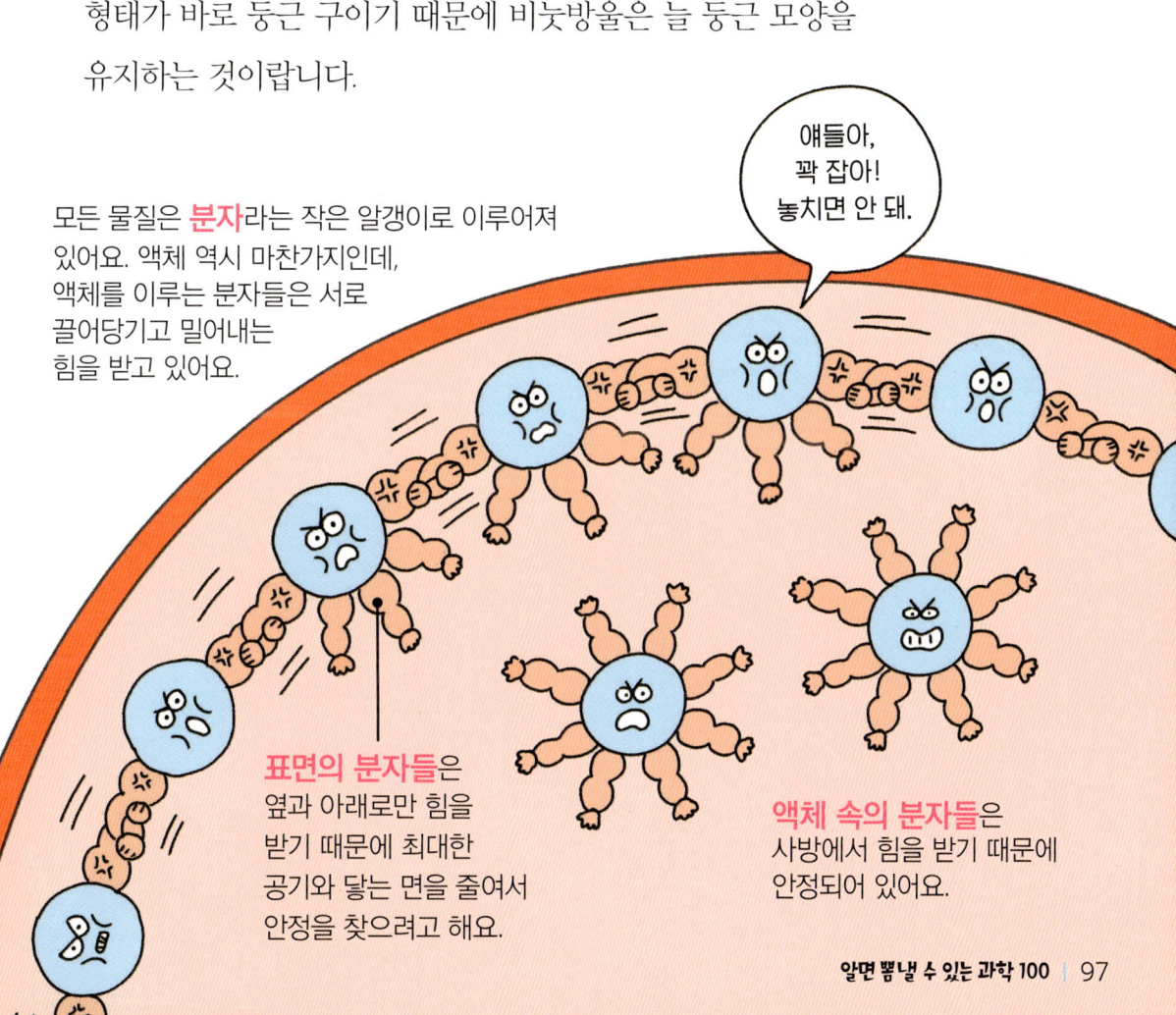

모든 물질은 **분자**라는 작은 알갱이로 이루어져 있어요. 액체 역시 마찬가지인데, 액체를 이루는 분자들은 서로 끌어당기고 밀어내는 힘을 받고 있어요.

얘들아, 꽉 잡아! 놓치면 안 돼.

표면의 분자들은 옆과 아래로만 힘을 받기 때문에 최대한 공기와 닿는 면을 줄여서 안정을 찾으려고 해요.

액체 속의 분자들은 사방에서 힘을 받기 때문에 안정되어 있어요.

생활 과학 059
둥실둥실~ 풍선아, 떠올라라

어떤 풍선은 하늘에 둥둥 뜨고, 어떤 풍선은 바닥에 가라앉죠? 그건 풍선을 채우고 있는 기체의 차이 때문이에요. 우리가 입으로 풍선을 불면, 풍선 안은 우리가 숨을 내뱉을 때 나오는 이산화 탄소로 채워져요. **이산화 탄소는 공기보다 무거워요.** 거기에 풍선의 무게까지 더해지니 바닥으로 가라앉을 수밖에 없지요. 펌프로 풍선에 공기를 넣어도 마찬가지예요. 그런데 헬륨이라는 기체로 풍선을 채우면 얘기가 달라져요. **헬륨은 공기보다 훨씬 가볍기 때문에** 풍선의 무게까지 더해도 하늘로 날아가요. 그러니까 풍선을 띄우고 싶으면 헬륨을 채워야 해요.

유성 펜과 수성 펜은 무슨 차이야?

잃어버리지 않게 물건에 이름을 쓸 때는 보통 유성 펜으로 쓰죠?
수성 펜으로 쓰면 글자가 쉽게 지워지기 때문인데,
유성 펜과 수성 펜은 대체 무슨 차이가 있는 걸까요?

유성 펜의 '유'는 한자로 기름을 뜻하는 '油(기름 유)' 자를 써요.
수성 펜의 '수'는 한자로 물을 뜻하는 '水(물 수)' 자를 쓰지요.
즉, **유성 펜은 기름의 성질을,
수성 펜은 물의 성질을 가지고 있어요.**
사이가 안 좋은 친구들을 보고 물과 기름 같다고 표현하는 걸
들어 본 적 있나요? 물과 기름은 서로 섞이지 않아요.
한 컵에 담아 두면 물은 아래에, 기름은 위에 둥둥 뜨지요.
아무리 휘저어도 결국 섞이지 못하고 층이 나뉘어요.
그래서 유성 펜으로 글씨를 쓰면 물에 닿아도 잘 지워지지 않아요.
반면에 수성 펜으로 쓴 글씨는 물에 잘 녹기 때문에
쉽게 지워지는 것이랍니다.

TV 리모컨의 비밀

리모컨을 들고 버튼을 누르면 TV 전원을 켰다 껐다 할 수 있고,
채널을 돌릴 수도 있어요. 버튼을 눌러 보면 특별히 리모컨이 달라지는
것 같지 않은데, 어떻게 TV를 조정할 수 있는 걸까요?

우리가 리모컨을 누르면 **리모컨에서 빛이 나가요**.
빛이 나가는 건 본 적이 없다고요?
빛을 분석해 보면 우리가 눈으로 볼 수 있는 영역이 있고,
우리 눈에는 안 보이는 영역이 있어요. 가시광선 영역은
눈에 보이고, 적외선, 자외선 영역은 눈에 보이지 않아요.
리모컨에서 나가는 빛은 **적외선** 이에요.

빨간색부터 보라색까지의 색이 우리 눈에 보이는 가시광선 영역이에요.

TV는 리모컨이 이 적외선을 몇 번 쏘는지에 따라 원하는 채널을
바꿀 수 있게 설정되어 있어요. 예를 들어 7번 채널은 한 번,
9번 채널은 두 번 이런 식으로요. 그래서 리모컨 앞을 막고 서면
리모컨으로 TV를 조정할 수 없어요.

바코드가 궁금해

생활 과학 062

띠릭, 띠릭. 마트나 편의점에서 물건을 살 때면 계산대에서 바코드 스캐너로 물건의 바코드를 찍어 계산을 하지요? 혹시 바코드를 자세히 들여다본 적 있나요?

바코드는 얇고 두꺼운 검은 막대가 일렬로 늘어선 모양을 하고 있는데, 이 검은 막대의 간격은 제품마다 모두 달라요. 바코드 스캐너에서 나온 레이저 빛이 바코드에 닿으면 검은 부분은 빛을 흡수하고, 흰 부분은 빛이 반사돼요. 그러면 ==반사된 빛의 정보를 컴퓨터가 분석해== 이 상품이 어떤 상품인지를 알아내지요. 최근에는 막대 형태의 바코드 외에 정사각형 모양의 QR 코드도 많이 사용하고 있어요. QR 코드는 가로세로를 모두 활용할 수 있어서 막대형 바코드보다 훨씬 더 많은 정보를 담을 수 있어요.

물이 저절로 그릇 밖으로?

물이 담긴 그릇에 손수건 한쪽을 푹 담그고 다른 쪽은 물이 없는 그릇에 걸쳐 두면, 그릇 속 물이 손수건을 타고 올라와서 다른 그릇에 모여요.

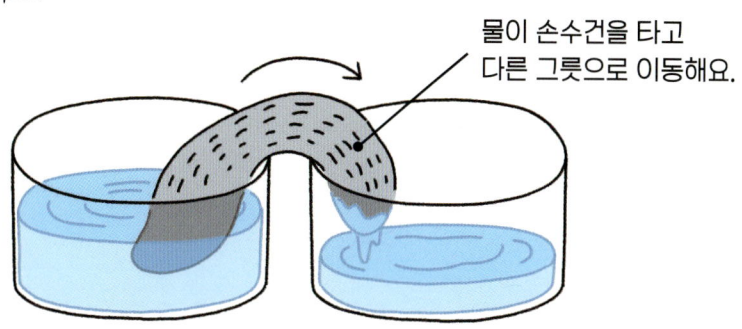

물이 손수건을 타고 다른 그릇으로 이동해요.

손수건을 타고 물이 옮겨 가는 이유는 모세관 현상 때문이에요.
모세관 현상이란, 액체에 아주 가느다란 관(모세관)을 넣었을 때, 액체가 관을 타고 위로 올라가거나 아래로 내려가는 현상 을 말해요.

물의 경우는 물이 관을 타고 위로 올라가요. 물 분자끼리의 인력, 즉 응집력보다 물 분자가 유리관과 붙으려는 부착력이 더 커서 이런 현상이 일어나지요.
수은의 경우는 오히려 아래로 내려가요. 관에 붙는 부착력보다 분자들끼리의 응집력이 더 크거든요.

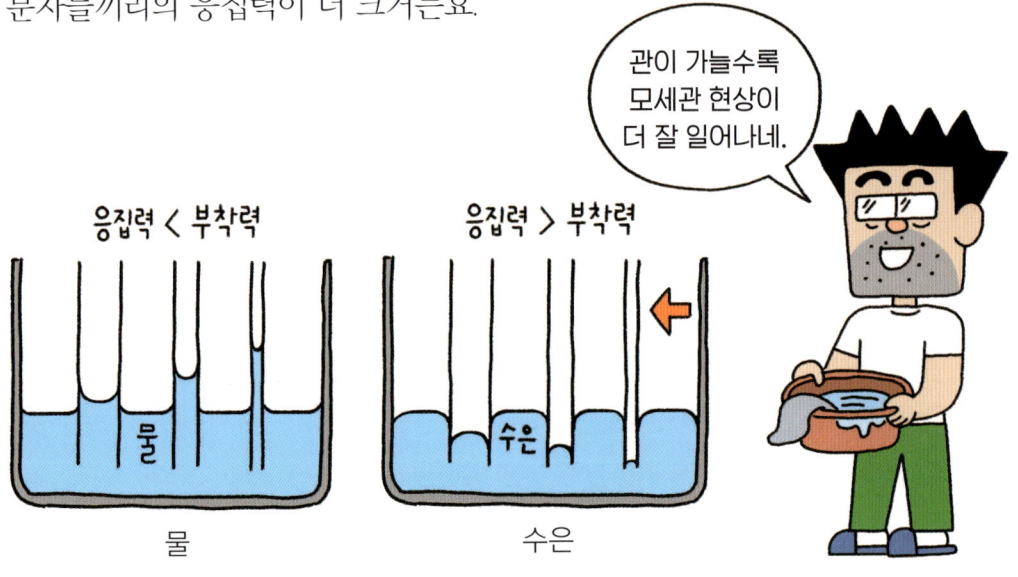

그렇다면 손수건에 가느다란 관이 있는 걸까요?
손수건을 확대해 보면, 아주 가는 실들이 얼기설기 엮여 있는 걸 볼 수 있어요. 이 가는 실과 실 틈이 모세관이 되어 물이 그 틈 사이로 따라 올라오는 거예요.

생활 과학

064 탄산음료는 왜 톡 쏘는 걸까?

톡! 탄산음료의 뚜껑을 따면 취이~ 하고 무언가 빠져나가는 소리가 나죠? 시원하게 한 모금 마시면 목이 따끔따끔하지요. 이건 탄산음료에 이산화 탄소가 들어 있기 때문이에요.

이산화 탄소는 그냥은 물에 잘 녹지 않아요. 아주 높은 압력을 가해야 물에 녹아요. 탄산음료 뚜껑을 땄을 때 취이~ 소리와 함께 거품이 보글보글 올라오는 건, 높은 압력으로 밀봉되어 있다가 갑자기 압력이 낮아져서 물에 녹아 있던 이산화 탄소가 밖으로 나오기 때문이에요. 이 이산화 탄소 덕분에 톡톡 쏘는 탄산음료를 마실 수 있는 것이지요.

전자레인지는 어떻게 음식을 데울 수 있을까?

전자레인지는 마이크로파라는 전자기파를 연구하던 한 과학자에 의해 발명되었어요. 어느 날 주머니 속의 초콜릿이 마이크로파에 의해 녹은 걸 보고 전자레인지를 생각해 냈지요. 전자레인지에서 나오는 마이크로파가 음식 속 물 분자에 닿으면, 물 분자는 이 에너지를 흡수해 격렬하게 회전 운동을 해요. 그러면서 음식의 온도가 올라가 따뜻해지게 되는 거예요.

그런데 전자레인지에는 반드시 전자레인지용 그릇을 사용해야 해요. 그 외의 용기는 마이크로파를 흡수하지 못하고 반사하기 때문에 자칫 전기 스파크가 일어 폭발할 수가 있어요.
전자레인지는 아주 편리하지만 위험하지 않게 잘 사용하는 것이 가장 중요해요.

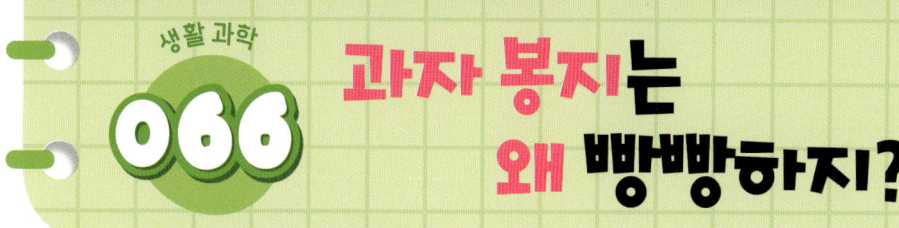

생활 과학 066
과자 봉지는 왜 빵빵하지?

과자를 사면 봉지가 빵빵하게 부풀어 있죠? 혹시 양이 많아 보이게 하려고 그런 걸까요? 물론 그런 부분도 있을 수 있겠지만 과자 봉지가 빵빵한 건 그 안의 과자가 부스러지지 않게 보호하기 위해서예요. 과자는 바삭하고 두께가 얇기 때문에 배송 중 잘못 눌리면 부스러지기가 쉽거든요. 과자 봉지는 어떻게 부풀리냐고요? 봉지 안에 질소를 가득 채워서 부풀려요. 질소는 색도 향도 없고 과자의 맛에 영향을 주지 않기 때문에 질소를 사용하는 것이랍니다.

껌이 플라스틱이라고?

질겅질겅 씹어서 뱉는 껌, 무엇으로 만들까요?
껌은 원래 나무에서 나는 천연고무의 일종인 치클로 만들었어요.
하지만 사람들이 많이 찾으면서 더 저렴한 재료를 찾았고,
지금은 폴리비닐아세테이트를 주원료로, 여기에 단맛과
향을 첨가해 껌을 만들어요.

폴리비닐아세테이트는 석유에서 합성된 플라스틱의 한 종류예요. 타이어나 접착제,
페인트 등에도 쓰이는 성분이지요.
최근 사람들이 무심코 뱉은 껌에서 나온
미세플라스틱이 생태계 곳곳에 환경 문제를
일으키고 있다고 해요. 껌을 함부로 뱉는 건
플라스틱을 길에 함부로 버리는 것과 같아요.
다 씹은 껌은 휴지에 잘 싸서 꼭 쓰레기통에
버려야 하는 것, 잊지 마세요.

우리 아름답게 이별하자!

왜 엘리베이터에서는 뛰면 안 될까?

엘리베이터는 도르래의 원리로 작동하는 장치예요. 도르래는 힘을 주는 방향을 바꿔 주기도 하고, 힘을 줄여 주기도 하지요.

물건을 위로 들어올릴 때 아래에서 위쪽으로 끌어당겨야 하지만

도르래를 사용하면 아래쪽으로 당기면 되기 때문에 힘을 주기가 더 쉬워요.

도르래는 축이 고정되어 있는 고정 도르래가 있고, 축이 움직이는 움직도르래가 있어요. 움직도르래를 사용하면 더 적은 힘으로 물건을 들어올릴 수 있어요.

엘리베이터의 구조를 보면, 도르래를 중심으로 여러 장치들이 연결되어 있는 걸 볼 수 있어요.

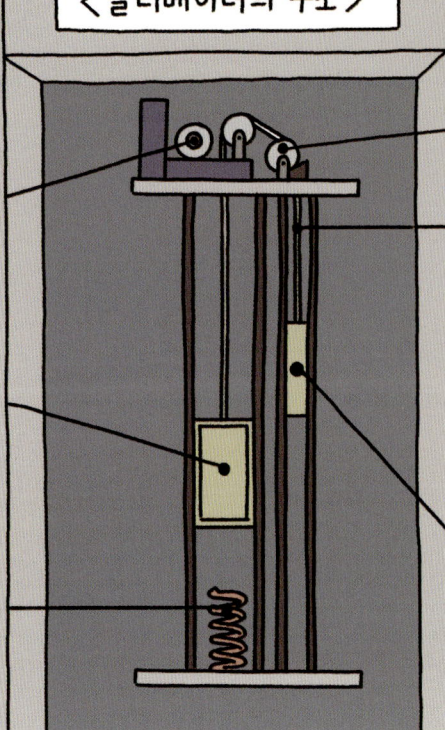

<엘리베이터의 구조>

모터
강력한 모터가 엘리베이터를 움직여요.

카
사람들이 타는 곳이에요.

완충기
강력한 스프링으로 되어 있어서 엘리베이터가 추락했을 때 충격을 줄여 줘요.

고정 도르래

로프
강철 로프가 카와 균형추를 연결하고 있어요.

균형추
균형추가 올라가면 카가 내려가고, 균형추가 내려가면 카가 올라가요.

그럼, 엘리베이터가 로프에 매달려 있어서
로프가 끊어질까 봐 뛰면 안 되는 걸까요?
엘리베이터의 로프는 강철을 여러 겹 꼬아서
만든 거라서 쉽게 끊어지지 않아요.
또 엘리베이터에는 로프가 끊어져도 엘리베이터가
추락하지 않도록 안전 장치가 있지요.
엘리베이터에서 뛰면 안 되는 이유는,
엘리베이터의 흔들림을 센서가 감지해 엘리베이터가
갑자기 멈추는 등의 <mark>오작동을 일으킬 수 있기 때문이에요.</mark>
운행하던 엘리베이터가 갑자기 멈추면 위험하겠죠?

양파를 썰면 왜 눈물이 날까?

단맛과 알싸한 맛이 매력적인 양파. 된장찌개, 김치찌개 등 우리나라 요리에서는 빠질 수 없는 단골 식재료지요. 그런데 양파를 썰면 눈이 맵고 따가워서 눈물이 나기도 해요. 왜일까요?

양파를 썰면, **양파 세포 조직이 손상되면서 술폭시드라는 화합물이 만들어져요**. 이 기체 화합물은 공기 중에 잘 퍼지기 때문에 우리 눈에까지 닿게 되는데, **이때 눈의 점막이 자극을 받아** 눈물이 나는 거예요. 술폭시드는 물에 잘 녹기 때문에 칼을 물에 적셔서 썰거나 양파를 찬물에 5분 정도만 담갔다가 썰어도 눈이 덜 맵다고 해요.

생활 과학 070 비행기는 어떻게 하늘을 날까?

비행기가 하늘을 나는 데는 크게 네 가지의 힘이 작용해요.
추력, 항력, 양력, 중력 이지요.

양력 : 중력의 반대 방향으로 작용하는, 비행기가 하늘을 날게 하는 힘이에요.

추력 : 엔진의 힘으로 얻는, 비행기가 앞으로 나아가게 하는 힘이에요.

항력 : 공기의 저항에 의해 비행기가 앞으로 나아가는 걸 방해하는 힘이에요.

중력 : 지구가 비행기를 지구 중심으로 끌어당기는 힘이에요. 지구의 모든 물체는 중력의 영향을 받아요.

이 중 추력과 항력의 경우, 추력이 항력보다 더 크면 비행기 속도가 빨라지고, 항력이 더 커지면 비행기 속도가 느려져요. 추력과 항력이 같아지면 비행기는 일정한 속도로 하늘을 날게 되지요. 양력과 중력의 경우, 양력이 중력보다 크면 비행기는 하늘에 뜨고, 중력이 양력보다 크면 아래로 내려앉아요.

양력이 생기는 이유는 비행기 날개 모양에서 답을 찾을 수 있어요. 비행기 날개를 보면 위쪽이 부드러운 유선형 모양이에요. 그러면 위를 지나는 공기가 아래를 지나는 공기보다 더 빠른 속도로 지나가게 되는데, 이렇게 되면 공기의 압력 차이가 생기게 돼요. **공기가 빨리 지나가는 위쪽 압력이 아래쪽보다 낮아지게 되지요.** 날개 아래쪽 압력이 높다 보니 자연스레 위로 밀어 올리는 힘이 생기게 되는데, 이것이 바로 양력이에요.

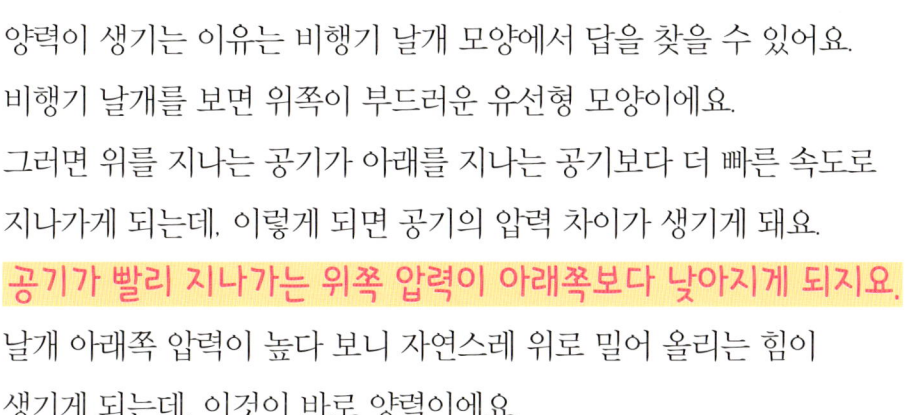

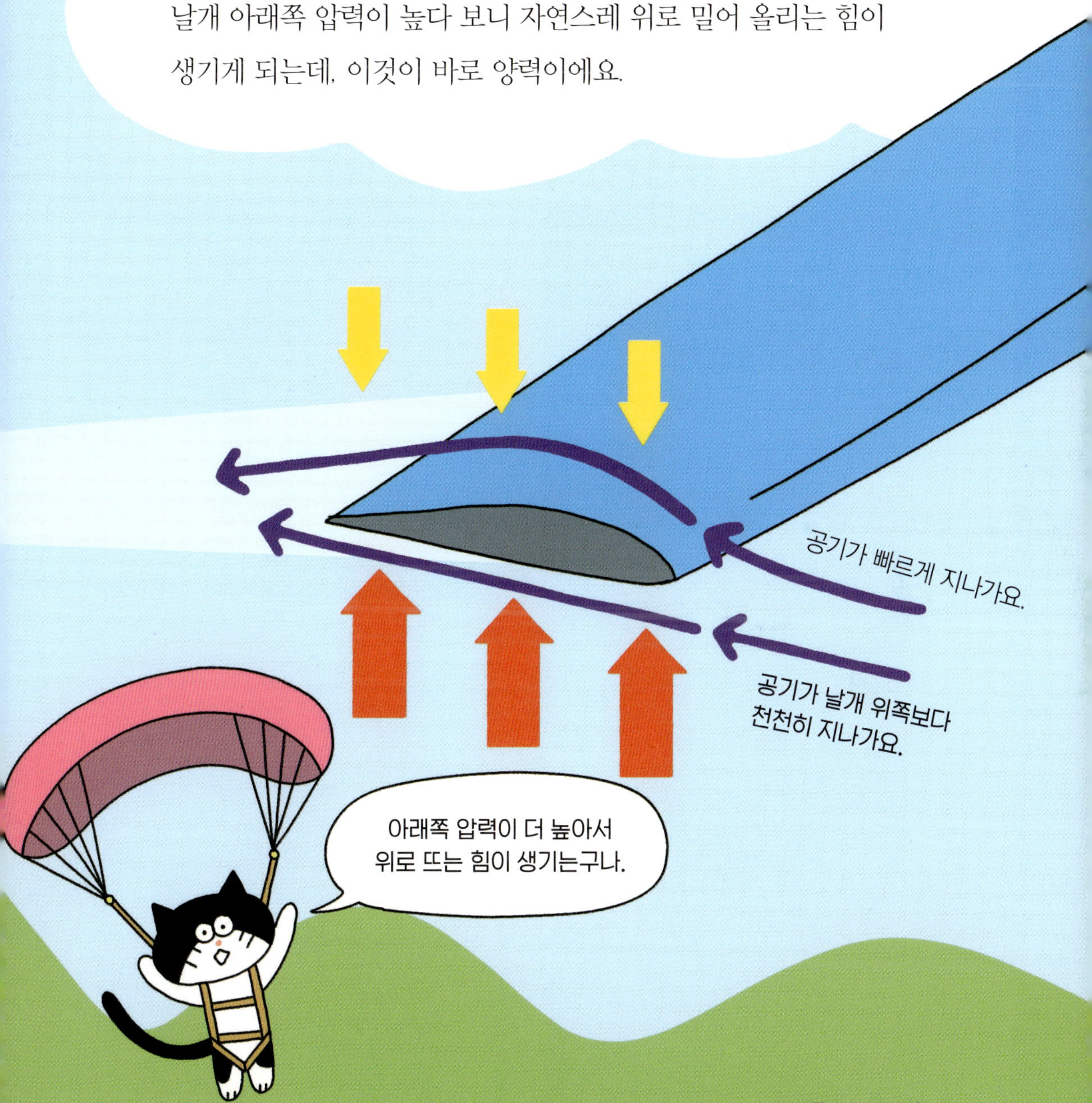

공기가 빠르게 지나가요.

공기가 날개 위쪽보다 천천히 지나가요.

아래쪽 압력이 더 높아서 위로 뜨는 힘이 생기는구나.

생활 과학 071
무거운 배는 어떻게 물에 뜰까?

바다에 뜬 배에도 지구가 중심으로 끌어당기는 힘, 즉 중력이 작용해요. 그럼, 바닷속으로 가라앉아야 하는 거 아니냐고요? 하지만 배에는 중력과 반대로 위로 밀어 올리는 힘인 부력 도 함께 작용하고 있어요.

중력보다 부력이 크면 배는 가라앉지 않아요.
부력이 더 큰지 알아보려면, 배와 똑같은 부피의 물의 무게를 재 보면 돼요. 이 물의 무게가 배의 총 무게보다 무거우면 중력보다 부력이 커서 배는 가라앉지 않아요.

생활 과학
072

아빠는 어디에? 위성 위치 확인 시스템

GPS라는 말, 들어 본 적 있나요? 'Global Positioning System'의 약자로 **사용자의 현재 위치를 시시각각 알려 주는 위치 확인 시스템**이에요. 비행기나 배, 자동차뿐만 아니라 핸드폰에도 이 GPS가 탑재되어 있어서 실시간으로 위치를 확인할 수가 있지요.

GPS는 위성을 이용해 사용자의 현재 위치를 추적해요. **GPS 위성에서 GPS 수신기로 전파를 보내 도달하는 시간을 계산해서 위치를 알아내는데,** 최소 4개 이상의 위성을 이용해야 정확한 위치를 찾을 수 있어요.

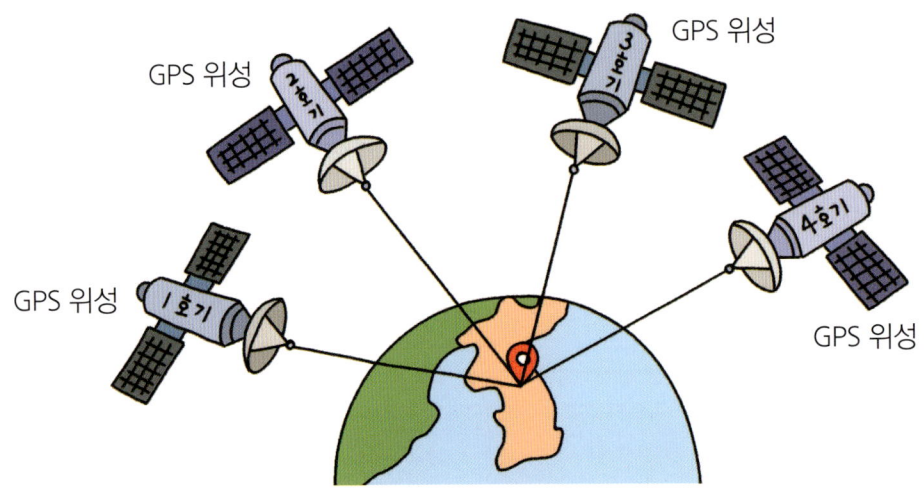

처음에 GPS가 주로 활용된 곳은 운전자에게 길을 알려 주는 자동차 내비게이션이었어요. 하지만 지금은 가족의 위치를 확인하거나 맛집의 위치를 찾고, 실시간 교통 정보를 확인하는 등 다양한 분야에서 GPS가 쓰이고 있어요.

지우개는 어떻게 글씨를 지우는 걸까?

연필은 나무 막대 사이에 흑연으로 된 심을 끼워서 만들어요.
종이에 글을 쓰면 흑연 가루가 종이에 묻어나며 글씨가 써지지요.
지우개에는 이 흑연 가루가 잘 들러붙어요. 그래서 지우개로
쓱쓱 문지르면 흑연 가루가 종이에서 떨어져 나오게 되지요.

그럼, 지우개는 뭘로 만들까요? 고무 아니냐고요?
지우개가 처음 발명되었을 때는 천연고무로 만들어졌다고 해요.
이후 천연고무에 황을 혼합해 더 탄성이 좋은 지우개가 개발되었지요.
지금은 대부분 플라스틱으로 만들어요. 가격도 저렴하고,
색이나 모양을 내기도 편리하기 때문에 플라스틱 지우개가
빠르게 대중화되었답니다.

생활 과학 074

초콜릿은 왜 은박지로 포장되어 있을까?

달콤한 향을 풍기며 입 안에서 사르르 녹는 초콜릿! 그 달콤한 맛에 인기가 많지요. 그런데 초콜릿 포장지를 잘 살펴보면 대부분 은박지인 걸 알 수 있어요. 왜일까요?

우리가 은박지라고 부르는 건 **알루미늄 포일인데, 열전도율이 높아요.** 열전도율이란 열을 전달하는 정도를 말해요. 열전도율이 높으면 열이 빨리 전달되고, 열전도율이 낮으면 열이 천천히 전달되지요. 초콜릿은 쉽게 녹아서 손에 들고만 있어도 체온 때문에 금방 찐득해져요. 그런데 열전도율이 높은 알루미늄 포일로 감싸면 포일에 닿은 열이 빠르게 퍼지고 방출되기 때문에 초콜릿이 녹는 걸 막을 수 있어요. 또 빛도 차단해 주기 때문에 잘 녹는 초콜릿의 포장지로는 안성맞춤이지요.

생활 과학 075
신용 카드는 어떻게 계산이 되는 걸까?

띠릭! 물건을 살 때 현금 대신 신용 카드를 내거나 버스나 지하철을 탈 때 교통 카드를 단말기에 찍고 타는 경우를 많이 보았죠? 조그맣고 네모난 카드가 찍기만 하면 알아서 척척 계산을 해 주는 건 ==정보를 저장하고 처리할 수 있는 초소형 컴퓨터가 내장== 되어 있기 때문이에요. 이런 카드를 IC카드 혹은 스마트 카드라고 해요.

IC카드는 접촉식과 비접촉식 카드로 나뉘어요.
접촉식 IC카드는 접촉하는 장치와 딱 맞아 떨어져야 인식이 되고, 비접촉식 카드는 무선 통신이 가능해 살짝 스치기만 해도 인식이 돼요.
보통 신용 카드가 접촉식 카드이고, 교통 카드가 비접촉식 카드인데, 경우에 따라서 이 두 가지가 다 되는 경우도 있어요.
IC카드는 생활 여러 분야에서 사용되면서 우리 생활을 더욱 편리하게 만들어 주고 있어요.

076 생활 과학
자동문은 어떻게 저절로 열리는 걸까?

요즘에는 사람이 가까이 다가가면 저절로 열리는 자동문이 많죠.
양손 가득 짐을 들고 있어도 알아서 문이 열리기 때문에 무척 편리해요.
자동문이 열리는 데는 보통 두 가지 방식이 있어요.
하나는 ==무게를 이용== 하는 거예요. 문 앞의 발판에 사람이 서면
그 무게를 인식해 스위치가 작동해서 문이 열리지요.
또 하나는 ==적외선을 이용== 하는 거예요.
자동문 위에 적외선 센서를 달아 두고 사람이 그 앞에 서서
적외선을 가리면 문이 열려요.
이외에도 스마트폰의 신호를 인식해 스마트폰이 가까이
있으면 문이 열리는 자동문도 있어요.

황사 마스크는 어떻게 미세먼지를 막아 줄까?

마스크를 사려고 보면 일반 마스크가 있고 황사 마스크가 있지요?
미세먼지를 막으려면 황사 마스크를 사야 해요.
그 차이는 **섬유 조직의 구조** 에 있어요.

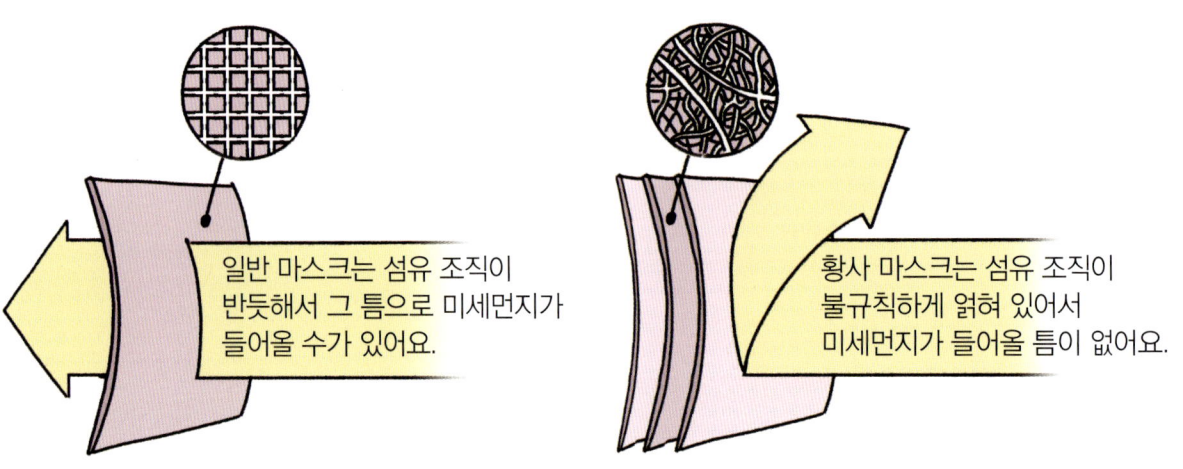

일반 마스크는 섬유 조직이 반듯해서 그 틈으로 미세먼지가 들어올 수가 있어요.

황사 마스크는 섬유 조직이 불규칙하게 얽혀 있어서 미세먼지가 들어올 틈이 없어요.

게다가 황사 마스크는 **정전기가 잘 일어나는 특수 섬유** 를 쓰기 때문에 미세먼지가 달라붙어서 마스크를 통과할 수가 없어요.
황사 마스크의 KF 표시는 미세먼지를 얼마나 막아 내는지를 나타내요. 80은 80퍼센트, 94는 94퍼센트를 막아 낸다는 의미지요. 수치가 높을수록 호흡이 힘들 수 있어서 자신에게 잘 맞는 마스크를 잘 골라서 써야 해요.

엄마 얼굴 너무 웃겨요.

흠흠, 급하게 나가느라….

마스크로 안 가려지는 위에만 화장한 거예요?

078 생활 과학
소화기는 어떻게 불을 끄는 걸까?

소화기는 불을 끄는 도구예요. 불은 산소가 있으면 활활 잘 타고, 산소를 차단하면 꺼져요. 그래서 소화기에는 **산소를 차단할 수 있는 소화 약제**가 담겨 있어요. 불 위에 뿌려 더 이상 **불꽃에 산소가 닿지 않도록 막는 거예요.**

소화기에는 포말 소화기, 분말 소화기, 이산화 탄소 소화기 등 여러 종류가 있어요. 불이 나는 원인에 따라 A급, B급, C급 화재로 나뉘는데, 이에 따라 사용할 수 있는 소화기도 달라져요.

A급 화재
나무나 종이, 섬유 등에 불이 붙어 일어난 일반 화재

B급 화재
기름이나 휘발유 등에 불이 붙어 일어난 유류 화재

C급 화재
전기에 문제가 생겨서 일어난 전기 화재

포말 소화기는 거품을 발생시켜 발사해서 산소 공급을 차단하는데, 주로 A급, B급 화재에 쓰여요.
분말 소화기는 밀가루 같은 미세한 분말이 들어 있어서 이를 뿌려서 산소 공급을 막아요. 주로 가정용에 비치되어 있는 빨간 소화기가 분말 소화기인데, A급, B급, C급 화재에 다 유용해요.

이산화 탄소 소화기는 이산화 탄소가 액체 형태로 들어 있어서
이를 뿌리면 산소도 차단되지만 드라이아이스로써 냉각 효과도 있어요.
B급, C급 화재에 유용해요.

화재가 일어나면 목숨도 재산도 크게 위협받아요.
우리 집에 비치되어 있는 가정용 소화기의 사용법을
미리 알고 대비해 두면 좋겠죠?

소화기 사용법

① 소화기 몸통을 잡고 안전핀을 뽑아요. 손잡이를 움켜쥐고 뽑으면 안전핀이 잘 안 뽑히니 주의해요.

② 노즐을 잡고 조심스럽게 불 가까이 다가가요. 이때 바람을 등지고 서요.

③ 손잡이를 움켜쥐어 소화기를 분사해요. 이때 소화기가 분사되는 힘에 뒤로 밀리지 않게 주의해요.

④ 빗자루로 쓰는 느낌으로 분말이 불길을 덮을 수 있게 골고루 분사해요.

우둘투둘 솔기가 드러나 있는 야구공

야구공은 다른 공들과 다르게 빨간 솔기(실밥)가 겉에 튀어나와 있어요. 멋져 보이기 위해서일까요? 이건, 공기의 저항을 줄이기 위해서예요.

표면이 매끈한 둥근 공이 날아갈 때는 앞쪽이 받는 압력과 뒤쪽이 받는 압력 차이가 커지게 돼요. 그러면 공기 저항이 심해져 공의 속도가 떨어지게 되지요.

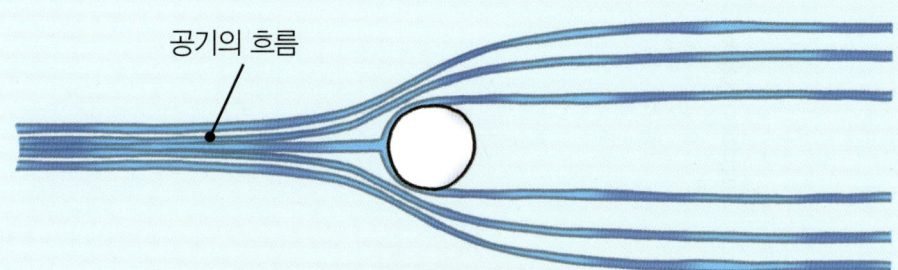

공기의 흐름

반면에 야구공의 경우, ==튀어나와 있는 솔기가 야구공 주변의 공기를 흐트러뜨려 공기의 저항을 줄여 줘요.==
저항이 줄어든 만큼 날아가는 속도는 빨라지지요.

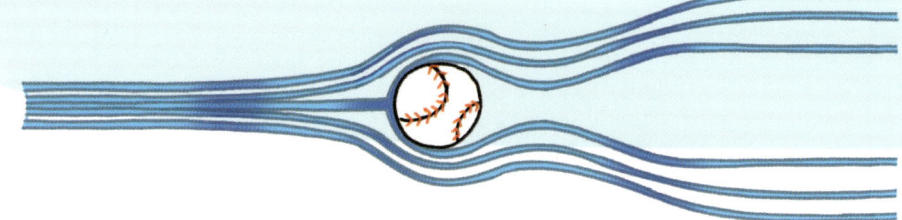

골프공의 경우 표면이 움푹움푹 패어 있는데, 이 역시 야구공의 솔기처럼 공기 저항을 줄여 날아가는 속도를 높이기 위해서예요.

4장
자연 과학

우리의 눈길이 닿는 곳곳에 궁금증들은 넘쳐 나요. 산소가 없으면 숨을 쉴 수가 없는데 산소는 써도써도 계속 생기는 건지, 바닷물은 왜 마실 수가 없는지, 물속에서도 소리가 들리는지…. 4장에서는 우리 주변에서 볼 수 있는 신기한 자연 현상에 관한 이야기가 가득해요.

하늘의 구름은 푹신푹신할까?

자연 과학

파란 하늘에 뭉게뭉게 떠 있는 하얀 구름을 보고 있으면 엄청 푹신푹신하고, 포근할 것 같지 않나요? 하지만 실제로 구름 속은 <mark>아주 작은 물방울들이 떠다녀서 춥고 축축해요.</mark>
구름이 어떻게 만들어지는지 알면 왜 구름 속이 축축한지 알 수 있지요.

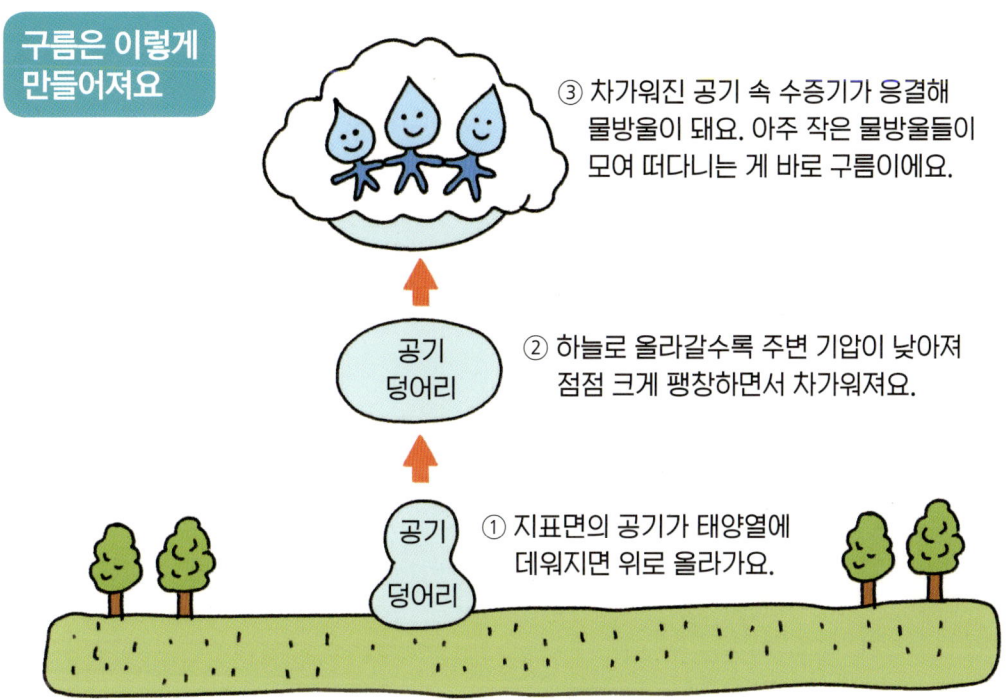

구름은 이렇게 만들어져요

③ 차가워진 공기 속 수증기가 응결해 물방울이 돼요. 아주 작은 물방울들이 모여 떠다니는 게 바로 구름이에요.

② 하늘로 올라갈수록 주변 기압이 낮아져 점점 크게 팽창하면서 차가워져요.

① 지표면의 공기가 태양열에 데워지면 위로 올라가요.

구름 속 수증기가 응결할 때는 공기 중에 떠다니는 먼지가 한몫해요.
먼지에 주변의 수증기들이 들러붙으면서 물방울로 뭉쳐지거든요.
이렇게 수증기의 응결을 돕는 먼지들을 '응결핵'이라고 해요.
땅에 짙게 깔리는 안개 역시 구름과 똑같이 수증기가 응결해서 만들어져요.
안개 속을 걸어 보면 구름 속이 어떤 느낌인지 알 수 있을 거예요.

눈과 비, 우박은 왜 내리는 걸까?

구름 속에는 아주 작은 물방울들이 떠다닌다고 했죠? 이 물방울들이 서로 뭉쳐져서 커지면 그 무게를 못 이기고 아래로 떨어져 내리는데, 그게 바로 비예요.

기온이 내려가는 계절에는 작은 얼음 알갱이들도 같이 떠다니는데, 구름 속 물방울에서 증발한 수증기가 얼음 알갱이에 들러붙으면 얼음 알갱이가 점점 커지게 돼요. 그러다 무거워지면 아래로 떨어져 내려요. 눈이 내리는 거예요. 날씨가 따뜻할 때는 얼음 알갱이가 떨어져 내리면서 녹아서 비로 내리기도 해요.

그런데 간혹 이 얼음 알갱이들이 상승 기류를 만나 구름 속에 오래 머물면서 점점 커져 지름이 5밀리미터 이상까지 커지는 경우도 있어요. 그러다 아래로 떨어져 내리는데, 이게 바로 우박이에요. 비와 눈, 우박은 모습은 다르지만 만들어지는 원리는 비슷하지요?

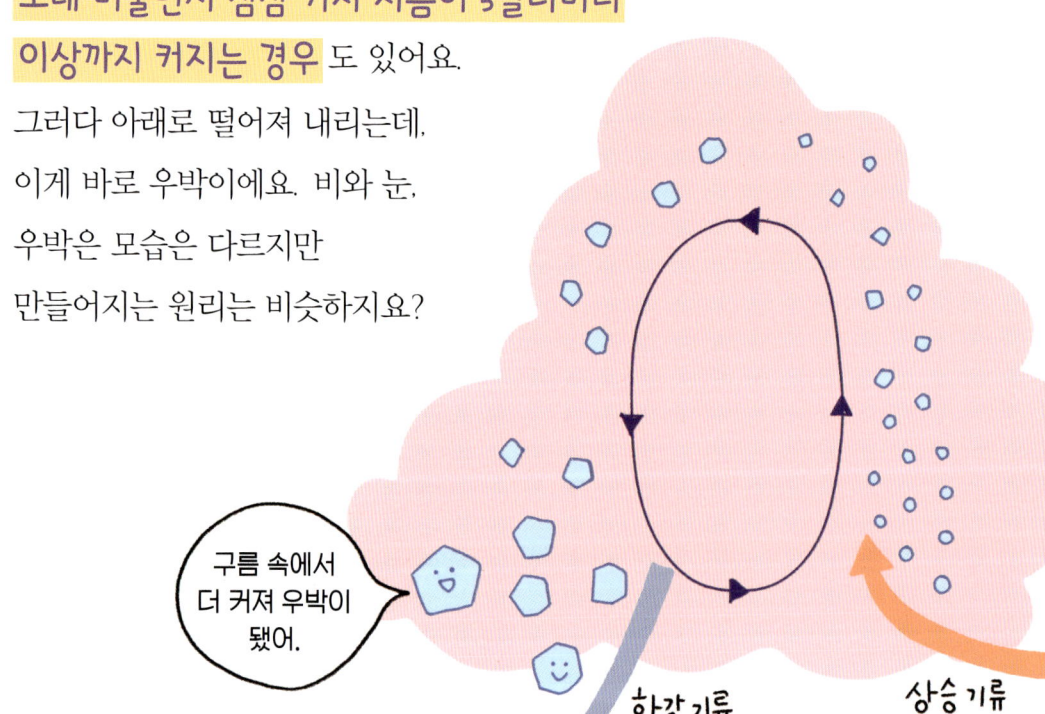

구름 속에서 더 커져 우박이 됐어.

082 흙은 어떻게 만들어질까?

흙의 시작은 아주 커다래요. 큰 바위에서 시작되거든요. 커다란 바위가 부서지고 부서지고 또 부서져서 작은 돌멩이가 되고, 이 돌멩이가 또 부서져서 모래가 되고, 모래가 더 잘게 부서지고 부식물이 섞이면 비로소 흙이 돼요. 부식물은 식물의 잎이나 뿌리, 죽은 곤충 등이 오랜 기간 썩은 것으로, 흙에 거름이 되어 식물들이 잘 자랄 수 있게 해 줘요.

그렇다면 크고 단단한 바위는 어떻게 부서지는 걸까요? 바람에 실려 온 모래들이 조금씩 바위를 깎아 내거나 바위틈에서 자라던 나무뿌리가 점점 커져서 바위를 부수고, 바위틈에 고여 있던 물이 겨울에 얼고 봄에 녹기를 반복하면서 바위를 깨뜨리기도 해요. 이렇게 바위가 부서져 흙이 되는 걸 풍화 작용이라고 해요.

공기가 내리누르는 힘은 얼마나 될까?

우리를 둘러싼 공기도 무게가 있어요. 저울이 평행이 되게 양쪽에 풍선을 매단 뒤, 한쪽 풍선을 터뜨리면 빵빵한 풍선 쪽으로 저울이 기울어요. 공기에 무게가 있다는 건, 공기가 내리누르는 힘이 있다는 이야기예요. 공기가 누르는 힘을 '기압'이라고 하는데, **1기압은 약 10미터 정도의 물기둥이 내리누르는 힘과 같다**고 해요. 그러니까 10미터짜리 물기둥을 얹고 지내는 것과 같은 거예요.

풍선 속 공기의 무게 때문에 기울어요.

그런데 왜 우리는 공기의 무게를 느끼지 못하는 걸까요? 그건 **우리 몸도 공기의 무게와 같은 힘으로 밖으로 밀어내고 있어서** 예요. 두 힘이 평형을 이루어서 공기의 무게를 느끼지 못하는 것이랍니다.

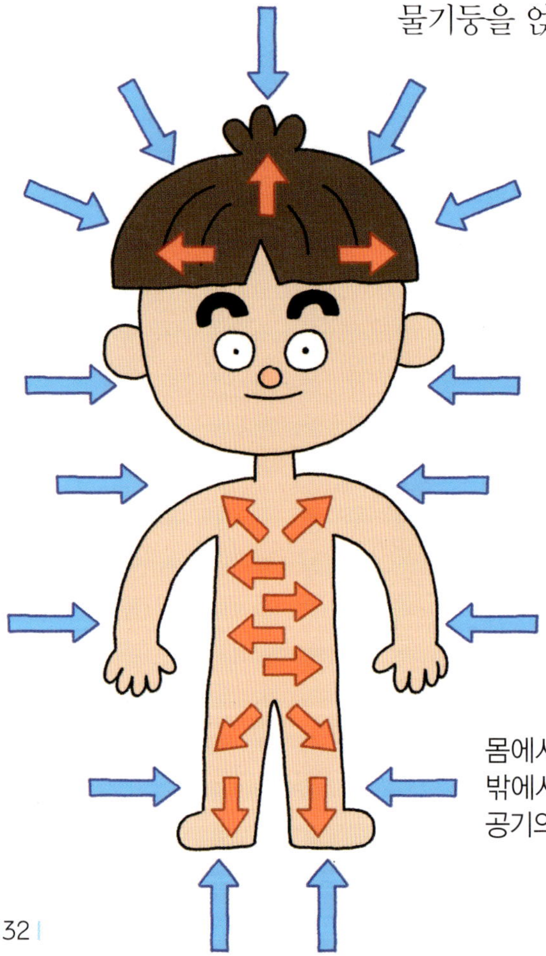

몸에서 밀어내는 힘과 밖에서 누르는 공기의 힘은 같아요.

084 지구의 산소가 다 없어지면 어쩌지?

우리는 산소가 있어야 숨을 쉴 수가 있어요. 공기에는 질소, 산소, 아르곤 등 다양한 기체가 섞여 있는데, 질소가 약 78퍼센트로 가장 많고, 산소가 약 21퍼센트로 그다음으로 많아요. 우리 인간뿐만 아니라 다른 동식물들도 산소를 호흡하며 살아가지요.

그렇다면 혹시 지구의 산소가 부족해지지는 않을까요? 그건 걱정하지 마세요. 지구에는 산소를 만들어 내는 특별한 생물들이 있거든요. 육지에서는 ==나무와 풀 등의 육지 식물들이 산소를 만들어 내고 있어요.== 햇빛과 이산화 탄소로 양분을 만드는 광합성 작용을 하면서 산소도 같이 만들어 내지요.

그리고 육지의 식물들만큼, 아니 그 이상으로 산소를 많이 만들어 내는 바다 생물이 있어요.

바로 식물성 플랑크톤이에요.
플랑크톤은 바다에 둥둥 떠다니는
아주 작은 생물들을 일컫는데,
그중 광합성을 하는 플랑크톤을
식물성 플랑크톤이라고 해요.
고래 같은 해양 생물의 먹이가
되기도 하지요.
지구 산소의 반 이상을 바로
이 식물성 플랑크톤이
만들어 내고 있어요.

식물성 플랑크톤은 모양과 크기가 제각각이에요.

그런데 최근에는 환경이 훼손되고
오염되면서 육지의 식물들도 바다의
플랑크톤들도 그 수가 크게 줄어들고 있다고 해요.
산소가 없으면 우리는 단 몇 분도 살 수 없잖아요?
먼 미래를 생각해 더 이상 자연을 훼손하지 말고 잘 보호해야
할 거예요.

별은 정말 반짝거릴까?

'반짝반짝 작은 별~'이라는 노래, 들어 본 적 있죠?
보통 별은 반짝인다고 표현하는데, 실제로 밤하늘을 올려다보면
별이 깜박깜박 반짝이는 모습을 볼 수 있어요.
그렇다면 실제로 별들이 반짝이는 걸까요?
사실 별들은 반짝이지 않아요. 그런데도 반짝이는 것처럼 보이는 이유는,
==별빛이 지구를 둘러싸고 있는 대기에 부딪혀 굴절되기 때문==이에요.
그래서 대기가 없는 우주에서 볼 때는 별빛이 반짝이지 않아요.

우주에는 대기가 없어서
별빛이 굴절되지 않아요.

별빛이 대기를 뚫고 들어올 때
대기에 부딪혀 여러 차례
굴절되기 때문에 반짝이는
것처럼 보여요.

자연 과학

086 화산이 폭발하면 어떤 일이 일어날까?

우리가 사는 지구는 중심으로 파고들어 갈수록 점점 뜨거워져요.
그 뜨거운 열에 땅속 깊은 곳의 암석 일부가 녹아서 액체 상태로
존재하는데, 이를 마그마라고 해요. 이 ==마그마가 점점 커지고
압력을 받아 지표면을 뚫고 폭발하듯 뿜어져 나오는 게==
바로 화산 폭발이에요.

땅속에는 뜨거운 마그마가 있어요. → 마그마가 점점 커지고 큰 압력을 받게 되면 → 지각의 약하고 갈라진 틈을 뚫고 폭발해요.

화산이 폭발하면 여러 물질들이 한순간에 뿜어져 나와요.
그중 크기가 2밀리미터 이하인 아주 작은 돌 부스러기들을 ==화산재== 라고
하는데, 화산재가 높이 솟아올라 햇빛을 막으면 어두컴컴해지고
기온이 뚝 떨어져요.
수증기, 이산화 탄소, 이산화 황, 질소 등으로 이루어진 유독한
==화산 가스== 는 넓게 퍼져 대기를 오염시키고 호흡기 질환을 일으켜요.
또 화산재와 뜨거운 가스, 크고 작은 암석 조각들이 산 옆쪽이나 아래쪽으로
굉장한 힘으로 빠르게 뿜어져 나오는데, 이를 ==화산 쇄설류== 라고 해요.

이 화산 쇄설류가 물과 섞여서 해일이 덮치듯 빠르게 아래로 흘러내리는 건 화산 이류 예요.
그리고 땅속에 있던 마그마가 화산 밖으로 뿜어져 나와 흐르는 게 용암 이에요. 섭씨 800도에서 1200도 정도로 모든 것을 태워 버릴 만큼 무척 뜨겁지요.
이렇게 무섭게 폭발하기 때문에, 화산이 폭발하면 근처에 있는 생물들은 생명을 유지하기가 힘들답니다.

지구는 어떻게 만들어졌을까?

아주아주 먼 옛날에는 태양도 지구도 없었어요. 그러다 가스와 먼지 등으로 이루어진 먼지 구름들이 회전하면서 뭉치기 시작했어요. 중심부가 뜨거워지면서 빛을 내기 시작했고, 그 주위에는 ==크고 작은 덩어리들이 주위의 물질들을 끌어당기면서 점점 커지기 시작했어요.== 이 덩어리들은 아주 오랜 시간이 지나, ==중심에 빛나는 태양과 그 주위를 도는 행성들==로 자리잡았어요.

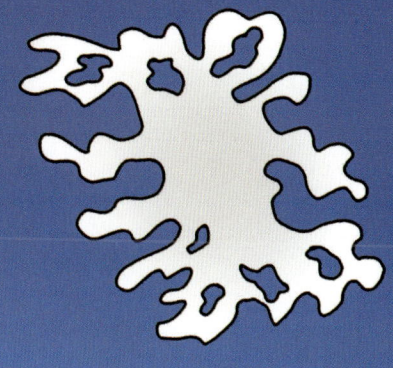

그중 태양에서 가까운 순서로 세 번째 행성이 바로 지구예요. <mark>지구는 이렇게 다른 행성들과 함께 태어났답니다.</mark> 태양계에는 지구 말고도 7개의 행성이 더 있어요. 수성, 금성, 화성, 목성, 토성, 천왕성, 해왕성이지요.

자연 과학 088

지구에만 생명체가 존재하는 이유는?

과학이 발달하면서 여러 행성에 탐사선을 보내고 있지만 아직까지 다른 행성에서 생명체를 발견하지는 못했어요. 왜 태양계의 다른 행성과 달리, 지구에만 이렇게 많은 생명들이 넘쳐 나는 걸까요?

그건 <mark>태양과 지구 사이의 적당한 거리</mark> 때문이에요. 지구보다 태양에 더 가까이 있는 행성들은 뜨거운 태양열 때문에 기온이 무척 높아요. 수성의 경우 낮에는 섭씨 400도까지 올라가지요. 반면 지구보다 더 먼 행성들은 너무 추워요. 지구 바로 다음 행성인 화성도 섭씨 영하 125도까지 내려가요.
그럼, 너무 덥고 추워서 생명체가 살지 못하는 걸까요? 물론 생명체가 살아가기에 적당한 온도도 중요하지만 더 중요한 건 바로 물이에요. <mark>이런 조건에서는 물이 액체 형태로 존재할 수가 없어요.</mark>
너무 뜨거워 증발해 버리거나 얼어 버리지요.

물이 액체 형태로 있을 수 있느냐는 현대 과학에서는 생명체 탄생의 중요한 포인트예요. 지구 최초의 생명체도 바다에서 탄생했다고 여겨지고 있으니까요.

그리고 현재 지구의 수많은 생명체들은 물에 의지해 살아가고 있지요. 그래서 제2의 지구를 찾는 행성 탐사에서는 물이 존재하는지 여부가 중요한 포인트가 되고 있어요.

물론 이건 생명체의 기준을 지구 생명체로 두었을 때의 이야기예요. 드넓은 우주에는 물이 없어도, 아주 메마르고 뜨거운 곳에서도 살아가는 생명체가 있을 수 있으니까요. 앞으로도 행성을 탐사하는 탐사선들이 계속 우주로 발사될 거예요. 그러다 보면 그 어느 날에는 지구 밖의 생명체를 찾을 수 있는 날도 오겠죠?

바닷물은 왜 마시면 안 돼?

지구 전체의 물을 100이라고 하면, 그중 우리가 마실 수 있는 물은 다 합쳐서 3 정도밖에 안 돼요. 나머지 97이 바닷물이지요. 그리고 마실 수 있는 3 중에는 남극과 북극의 얼음도 포함되어 있기 때문에 **실제로는 1 정도만 마실 수 있어요.**
그럼, 97이나 되는 바닷물을 마시면 되지 않냐고요?
안타깝게도 바닷물은 그냥 마실 수 없어요. 소금기, 즉 염분이 많아서 무척 짜거든요.

우리 몸에 들어온 염분은 콩팥에서 걸러져요.
그런데 처리할 수 없을 만큼 많은 염분이 들어오면
콩팥은 염분을 희석시키기 위해 더 많은 물을 필요로 하게 돼요.
결국 **갈증 증상이 이어지다 몸에 물이 부족한 탈수 증상으로 목숨까지 잃게 될 수도 있어요.** 그래서 바닷물을 마시면
안 되는 거예요.
최근에는 바닷물을 마실 수 있는 물로 바꿔 주는 해수 담수화
시설이 곳곳에 설치되고 있어요. 부족한 물을 해결해 줄 수 있는
기술이 점점 발달하고 있으니, 언젠가는 바닷물을
집에서 간단히 정수해서 마실 수 있는 날도
올지 모르지요?

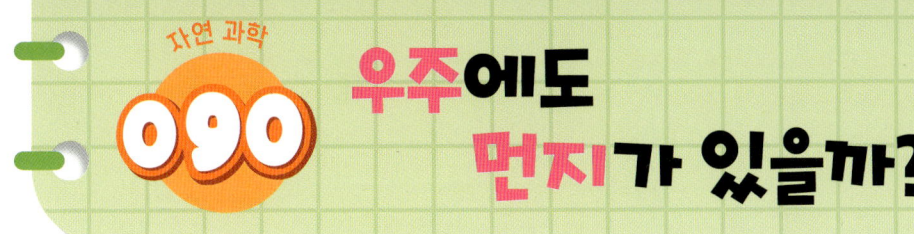

자연 과학 090
우주에도 먼지가 있을까?

우리 주변에는 먼지가 많아요. 너무너무 작아서 공중에 둥둥 떠다니다 바닥에 가라앉는 미세한 입자들을 먼지라고 하는데, 자연적으로 만들어지기도 하고 우리 생활에서 생겨나기도 해요.

그런데 우주에서 지구로 수많은 먼지들이 쏟아져 내리고 있는 걸 알고 있나요? 우주에서 지구로 날아오는 1밀리미터 이하의 작은 입자를 우주먼지라고 하는데, 한 해에 무려 1만 톤이 훌쩍 넘는 양이 지구로 쏟아지고 있다고 해요. 단지 너무 작고, 다른 먼지들에 섞여서 잘 모르고 있을 뿐이지요.
우주먼지는 태양계가 처음 만들어질 당시의 것들이 많아서 우주의 비밀을 푸는 데 중요한 자료로 쓰이고 있어요.
주변을 잘 살펴보세요. 혹시 우리 집 먼지에도 우주먼지가 섞여 있을지 모르니까요.

눈 오는 날이 더 따뜻하다, 진실? 거짓?

해마다 겨울이 되면 눈이 내려요. 그런데 눈 오는 날이 더 따뜻하다는 이야기가 있어요. 정말일까요?

겨울철에는 고기압과 저기압이 번갈아 우리나라에 위치해요. 주변보다 기압이 높으면 고기압, 낮으면 저기압이라고 하는데 고기압이 위치할 때는 맑고 건조한 날씨가 계속되고, **저기압이 위치할 때는 기온이 올라가면서 날씨가 흐려지고 눈이 와요.** 실제로 기온이 올라가면서 눈이 오는 거예요.

눈이 만들어지는 과정을 살펴봐도 눈이 올 때 날씨가 더 따뜻한 걸 알 수 있어요.

구름을 이루는 작은 물방울들이 얼어 얼음이 되고, 여기에 수증기가 달라붙으면서 점점 커져요. 그러다 더 이상 하늘에 떠 있을 수 없을 만큼 크고 무거워지면 아래로 떨어져 내리는데, 그게 눈이에요.

결국 작은 물방울들이 눈이 되려면 얼음이 될 만큼 차가워져야 하는데 그러려면 가지고 있던 열을 주변으로 내뿜어야 해요. **눈이 만들어지면서 열이 방출되니,** 주변이 따뜻해질 수밖에 없지요.

그리고 눈이 올 때 하늘의 **눈구름이 지표면에서 뿜어내는 열이 지구 밖으로 나가는 걸 막아 주기 때문에** 날씨는 더 따뜻하게 돼요.

092 번쩍번쩍, 우르릉 쾅! 천둥 번개는 왜 치는 걸까?

번개는 주로 소나기구름에서 생겨요. 구름 속 얼음 알갱이들이 서로 부딪혀 정전기가 발생하면 구름 아래쪽에는 음전하가, 위쪽에는 양전하가 몰리는데 이때 두 전하끼리의 충돌로 번쩍번쩍 번개가 치게 돼요. 번개가 땅에 내려치면 벼락이라고 하지요.

쾅!

천둥은 번개가 칠 때 나는 소리예요. 번개가 칠 때 순간적으로 온도가 무려 3만 도까지 올라가는데, 이때 주변 공기가 데워져 폭발적으로 팽창하는 소리 가 바로 천둥이에요. 번개와 천둥은 동시에 일어나지만 우리는 번개를 본 뒤에 천둥소리를 듣게 돼요. 그 이유는 소리의 속도가 빛의 속도보다 훨씬 느리기 때문이에요. 빛은 1초에 약 30만 킬로미터를 가고, 소리는 1초에 약 340미터를 가거든요.

마른 하늘의 날벼락 제가 만든 겁니다.

토르 망치

093 태풍은 어디서 오는 걸까?

나무를 부러뜨릴 만큼 강한 바람에 거센 비바람이 몰아치는 태풍은 해마다 8~9월에 두세 개 정도가 우리나라에 상륙해요. 뉴스에서 보면 태풍이 우리나라에 접근하고 있다고 이야기하는데, 태풍은 대체 어디서 오는 걸까요?

태풍은 <mark>따뜻한 열대 바다에서 만들어져요.</mark> 중심 풍속(바람의 세기)이 1초에 약 17미터 이상인 경우에 태풍이라고 하지요.

태풍의 발생 과정

강한 태양열에 바다 위 공기가 빠르게 데워져 위로 올라가요.

주변의 찬 공기가 빈 곳으로 들어오고, 다시 데워져서 위로 올라가요.

이 과정이 반복되면서 회오리치는 거대한 구름이 생겨나요.

태풍이 올 것 같군!

열대 바다에서 만들어진 태풍은 점차 기온이 낮은 지역으로 이동해요. 그러다 육지를 만나면 가지고 있던 많은 비를 뿌리고 서서히 소멸되어 버려요.

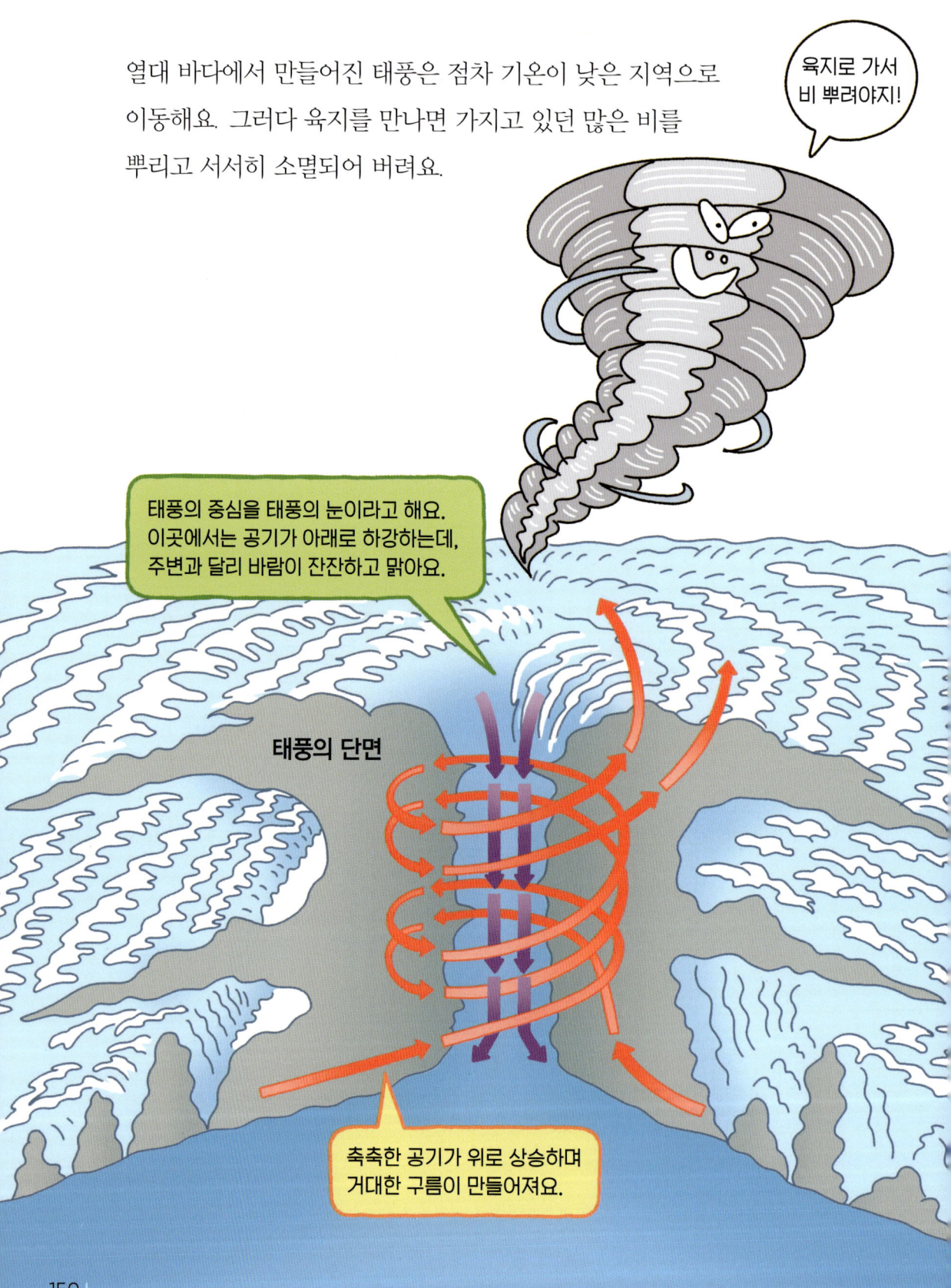

094 물속에서도 소리가 들릴까?

물론이에요! 심지어 <mark>물 밖에서보다 훨씬 더 잘 들려요.</mark>
소리는 물체의 진동이 주변에 전달되어서 전해져요.
북을 치는 소리가 주변 공기를 떨리게 하고, 이것이
우리 귓속 고막을 떨리게 해서 소리를 들을 수 있는 것이지요.
그래서 공기가 없는 우주에서는 소리가 들리지 않아요.

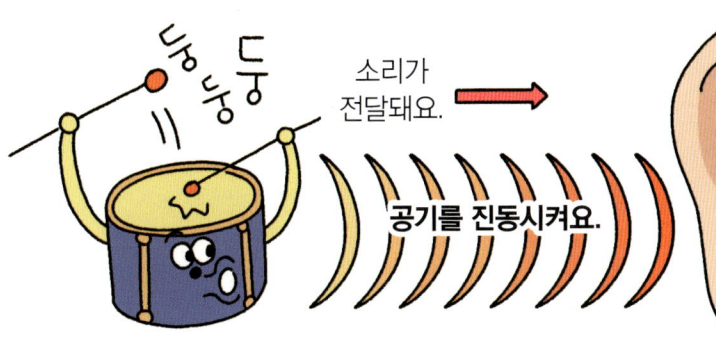

물속에서는 공기 대신 물이 소리를 전달해 줘요.
심지어 그 속도가 공기가 전달하는 것보다 더 빨라요.
소리는 기체 < 액체 < 고체 순서로 전달 속도가 빨라져요.

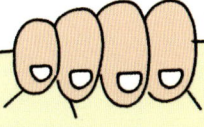

소리의 전달 속도

 1초에 약 5,000미터

 1초에 약 1,500미터

 1초에 약 340미터

095 왜 비행기가 지나간 다음에 소리가 들릴까?

쿠와앙~. 비행기 소리가 들려서 하늘을 올려다봤는데
아무것도 없던 적 없었나요? 분명히 비행기 소리가 들렸는데
어떻게 된 걸까요?

소리는 1초에 약 340미터를 간다고 했었죠?
그렇다면 비행기의 속도는 얼마일까요?
해외여행을 할 때 타는 일반 여객기의 속도는 보통
시속 약 700킬로미터라고 해요. 소리는 1초에 약 340미터를 가니,
1시간에는 1,224킬로미터를 가요. 소리보다 여객기가 느리네요.
그런데 비행기 중에는 **소리의 속도보다 훨씬 빠르게 나는
초음속 비행기들이 있어요**. 보통 군사용 전투기들이지요.
소리보다 빠르기 때문에 비행기가 슝~ 지나간 다음에야
쿠와앙! 하고 비행기 소리가 들려요.
예전에는 초음속 여객기도 있었어요.
그런데 비행기가 초음속으로 날면 공기가
순간적으로 압축되었다가 폭발하는
강한 충격파가 발생해요.
이를 소닉 붐이라고 하는데, 이때 나는 굉장한
소음 때문에 지금은 운행을 중단했어요.
비행기나 로켓의 속도는 '마하'라는 단위를 사용해요.
마하 단위의 기준이 바로 소리의 속도, 즉 음속이에요
1마하는 시속 1,224킬로미터 예요. 현재는 5마하 이상의
속도를 내는 극초음속 비행기도 개발되고 있어요.

왜 하늘은 파랗기도 하고 붉기도 할까?

하늘은 파랗죠. 태양 빛이 지구 대기를 만나면 공기 분자에 부딪혀 사방으로 흩어지게 되는데, 이를 빛의 산란이라고 해요. 그런데 우리가 볼 수 있는 가시광선 영역 중에서 파장이 짧은 <mark>파란색 영역이 파장이 긴 붉은색 영역보다 훨씬 더 많이 산란돼요.</mark> 이 산란된 빛이 우리 눈에 들어와서 하늘이 파랗게 보이는 거예요. 그런데 해가 뜨고 지는 아침이나 저녁 때 태양 빛은 더 긴 대기를 통과하게 돼요. 그러면 파란색 영역은 진작에 산란되어 버리고, <mark>파장이 긴 붉은색 영역이 두꺼운 대기를 통과해 우리 눈앞에서 산란돼요.</mark> 그래서 하늘이 붉게 보이는 것이랍니다.

낮 빛이 대기를 지나는 길이 짧아요.   **아침, 저녁** 빛이 대기를 지나는 길이 길어요.

자연 과학 097 흔들흔들, 지진은 왜 일어나는 거지?

지진은 땅이 흔들리는 현상이지요. 심하면 땅이 쩍쩍 갈라지고 건물이 무너져 내리기도 해요. 이렇게 무서운 지진은 왜 일어나는 걸까요?

납작한 스티로폼 조각이 있다고 해 볼까요? 양쪽에서 세게 밀면 휘다가 어느 순간 깨져 버릴 거예요. 지각도 마찬가지예요. **당기거나 미는 힘이 계속 주어지면 휘어지다 끊어지기도 하고, 양쪽으로 쫙 갈라지기도 해요.** 그리고 그 충격으로 땅이 크게 흔들리는 지진이 일어나지요.

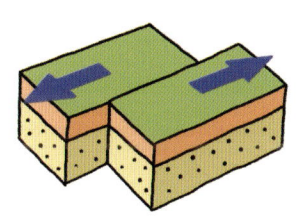
지각은 양쪽에서 잡아당기는 힘으로 어긋나거나

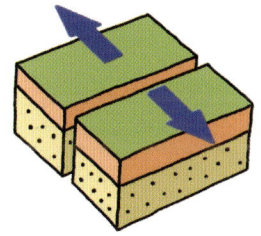
양쪽으로 갈라지거나

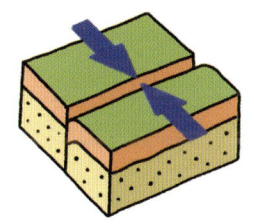
가운데로 밀려 들어가기도 해요.

지진이 일어난 지점을 진원, 진원에서 지면에 수직으로 선을 그었을 때 만나는 지점을 진앙이라고 해요.

진앙은 진원과 가장 가깝기 때문에 피해가 가장 커요.

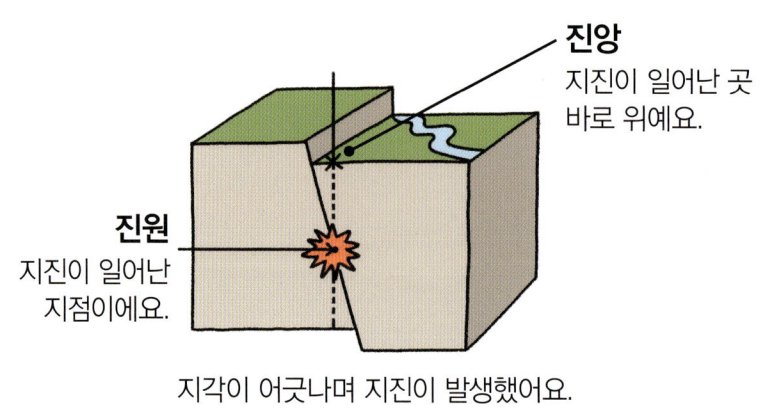

지각이 어긋나며 지진이 발생했어요.

얼마나 강한 지진이 일어났는지는 리히터 규모 와 수정 메르칼리 진도 로 나타내요.

리히터 규모는 지진 에너지를 측정한 값으로, 2.0 이하면 사람이 거의 느끼지 못할 정도이고, 8.0 이상이면 지진으로 마을이 파괴될 정도예요.

수정 메르칼리 진도는 우리가 실제 느끼는 흔들림의 정도를 수치로 나타낸 거예요. 사람이 전혀 느낄 수 없는 정도는 진도 I, 지표면이 출렁이며 물체가 하늘로 던져질 정도의 최고 등급은 진도 XII예요. 우리나라에서는 흔들림이 잘 느껴지지 않는 지진까지 포함하면 한 해에 크고 작은 지진이 70회 정도 일어나고 있어요

098 우리나라는 왜 계절이 바뀔까?

지구는 태양 주위를 일 년에 한 바퀴씩 돌고 있어요.
이를 '지구의 공전'이라고 하지요. 그러면서 또 팽이처럼 하루에
한 바퀴씩 빙그르르 도는데, 이를 '지구의 자전'이라고 해요.
그런데 지구가 자전할 때의 중심축인 자전축이 23.5도 기울어져 있어요.
그래서 계절에 따라 받는 태양 빛의 양이 달라져요.
여름에는 태양 빛이 거의 수직으로 비춰서 가장 뜨겁고, 겨울에는 태양 빛이
비스듬하게 비춰서 가장 추워요. 봄과 가을은 그 중간쯤 되고요.
이 때문에 우리나라에는 계절이 있는 것이랍니다.
반면 태양 빛이 일 년 내내 거의 수직으로 비추는 적도 지방은
늘 덥고, 일 년 내내 비스듬하게 비추는 남극과 북극은 늘 추워요.

여름에는 태양이 수직으로 내리쬐어 태양 빛을 많이 받아요.

겨울에는 태양이 비스듬하게 내리쬐어 태양 빛을 적게 받아요.

매일매일 낮과 밤이 반복되는 이유

낮에는 태양이 밝게 비춰서 환하고, 밤이 되면 태양이 사라져서 온통 깜깜해지지요. 달이 뜨지만 태양만큼 밝지 않기 때문에 전등 빛이 없으면 무척 깜깜해요.

낮과 밤이 반복되는 이유는 **지구의 자전 때문** 이에요.

지구가 하루에 한 바퀴씩 자전을 할 때, 햇빛을 받는 쪽은 낮이 되고 햇빛을 받지 못하는 쪽은 밤이 되는 것이랍니다.

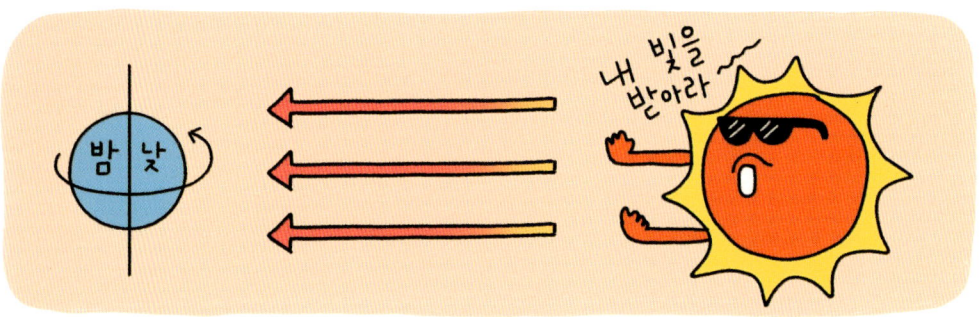

달은 왜 모양이 변할까?

태양은 스스로 빛을 내요. 이렇게 스스로 빛을 내는 천체를 별이라고 해요. 달은 밤하늘에서 밝게 빛나지만 별이 아니에요. 스스로 빛을 내지 못하거든요. 달은 행성인 지구 주위를 도는 위성이에요.

그럼, 달은 왜 빛날까요? 그건 태양 빛을 반사하기 때문이에요. 태양 빛에 반사된 부분이 우리 눈에 밝게 보이지요. 그런데 **달의 위치에 따라 반사되는 부분이 달라지기 때문에** 달의 모양이 계속 변하는 거예요. 달은 보이는 모양에 따라 여러 가지 이름으로 불려요.

우리 아리 밥 잘 먹어서 보름달 같아. 후후.

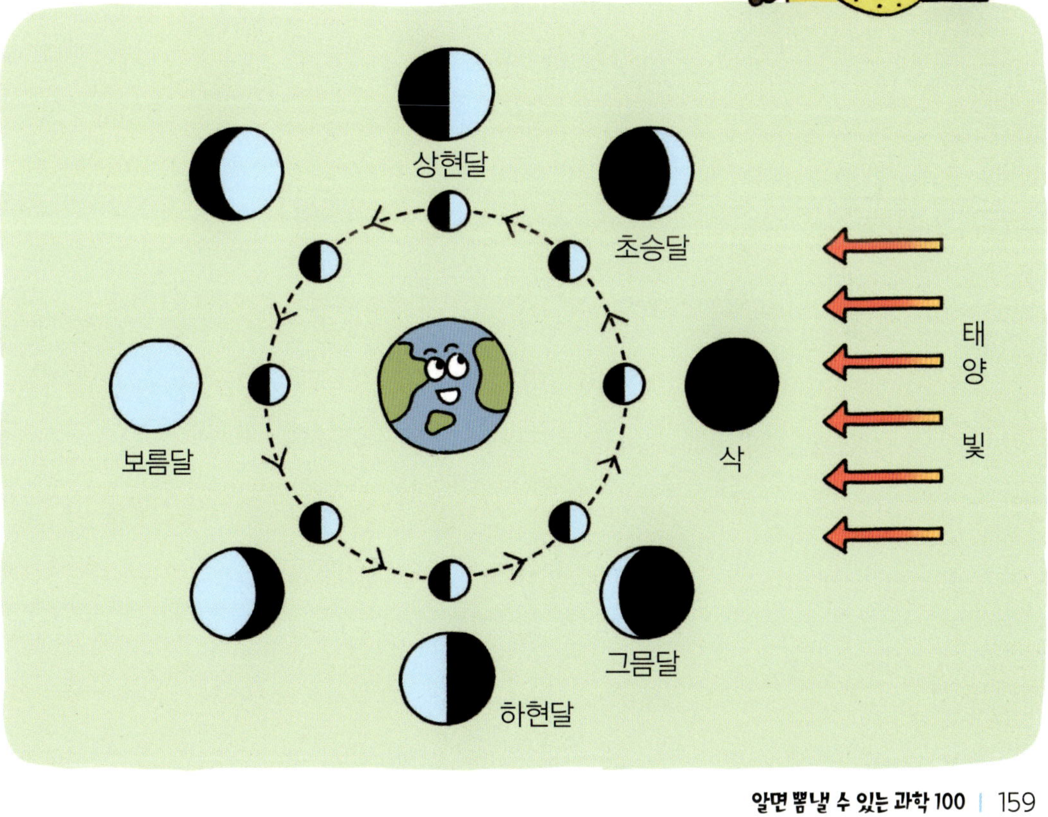

상현달
초승달
태양 빛
보름달
삭
하현달
그믐달

알면 뽐낼 수 있는 과학 100 | 159